expresiones en matemáticas

Dr. Karen C. Fuson

Haz la tarea y recuerda

Grado 6

Volumen 1

This material is based upon work supported by the
National Science Foundation
under Grant Numbers
ESI-9816320, REC-9806020, and RED-935373.

Any opinions, findings, and conclusions, or recommendations expressed in this material are those of the author and do not necessarily reflect the views of the National Science Foundation.

HMH

Printed in the U.S.A.

ISBN 978-1-328-52040-1

7 8 9 10 11 MP 28 27 26 25 24

4500890876 A B C D E F G

1-1 Haz la tarea

Nombre ______________________ Fecha ______________

❶ Completa la Tabla de multiplicación.

•		2		4	5		7	8	9
1	1	2	3		5	6		8	9
	2	4		8		12	14		18
3			9		15	18		24	
	4	8		16		24	28		36
5	5	10	15		25		35		45
			18	24	30	36		48	
7		14						56	
	8			32	40		56		72
9	9	18	27		45	54		72	

❷ Completa la Tabla de multiplicación mezclada.

•	5		4			3		2	6
4	20			36		12			24
1		8		9	7		1		
8		64	32		56	24		16	
	15				21		3	6	
7	35		28	63		21		14	42
	25		20		35		5	10	
6	30	48		54		18	6		36
9		72	36	81		27	9	18	
	10		8		14	6	2		12

❸ Describe tu estrategia para completar la primera fila de la Tabla de multiplicación mezclada.

____

____

1-1
Recuerda

Nombre ______________________ Fecha ______

Multiplica o divide.

1. $42 \div 6 =$ ______
2. ______ $= 56 \div 7$
3. ______ $= 8 \times 9$
4. ______ $= 7 \times 4$
5. $9 \cdot 4 =$ ______
6. ______ $= \frac{63}{7}$
7. $6 \cdot 6 =$ ______
8. ______ $= 6 \cdot 9$
9. $81 \div 9 =$ ______
10. $\frac{72}{9} =$ ______
11. ______ $= 8 \times 4$
12. ______ $= 48 \div 8$
13. ______ $= 8 \cdot 8$
14. $24 \div 6 =$ ______
15. ______ $= \frac{36}{6}$

Representa la situación con una ecuación. Resuelve.

16. La ciudad plantó 3 árboles nuevos en el parque. Ahora hay 27 árboles. ¿Cuántos árboles había antes de que se plantaran los árboles nuevos?

Ecuación: ______

Respuesta: ______

17. En el estacionamiento de la escuela, hay 6 filas de autos con 30 autos en cada fila. ¿Cuántos autos hay en el estacionamiento de la escuela?

Ecuación: ______

Respuesta: ______

18. Al comienzo del día viernes, había 40 entradas vendidas para la obra escolar. Durante el día, se vendieron algunas entradas más. Al final del viernes, se habían vendido 48 entradas. ¿Cuántas entradas se vendieron durante el día viernes?

Ecuación: ______

Respuesta: ______

19. Arun tiene 3 aves. Tiene 6 veces más peces de los que tiene aves. ¿Cuántos peces tiene Arun?

G	3	3	3	3	3	3
B	3					

Ecuación: ______

Respuesta: ______

20. **Amplía tu razonamiento** Cary compró una bolsa grande de 12 manzanas y 3 bolsas pequeñas de 6 manzanas cada una. ¿Cuántas manzanas compró Cary? Pista: Usa paréntesis si lo necesitas.

Ecuación: ______

Respuesta: ______

1-2
Haz la tarea

Nombre ____________________ Fecha ____________

Resuelve cada Rompecabezas de factores.

1.

12	15
8	

2.

8	
14	21

3.

8	12
	15

4.

15	35
18	

5.

32	40
	45

6.

	24
35	42

7.

40	15
48	

8.

	6
72	16

9.

63	27
35	

10.

28	49
32	

11.

63	72
28	

12.

49	
42	24

13. **Describe las estrategias para resolver el Rompecabezas de factores.**

____

____

____

Nombre ______________________ Fecha ______________

Multiplica o divide.

1. _______ $= 9 \times 7$
2. $36 \div 6 =$ _______
3. _______ $= 48 \div 8$
4. _______ $= \frac{56}{8}$
5. _______ $= 7 \times 7$
6. $8 \cdot 7 =$ _______
7. $81 \div 9 =$ _______
8. $4 \cdot 7 =$ _______
9. _______ $= 8 \cdot 8$
10. _______ $= \frac{32}{8}$
11. $6 \cdot 8 =$ _______
12. _______ $= \frac{16}{4}$
13. _______ $= 54 \div 6$
14. $\frac{72}{9} =$ _______
15. _______ $= 6 \times 7$

Representa la situación con una ecuación. Resuelve.

16. Vincent tenía 120 tarjetas de béisbol. Luego, compró algunas más. Ahora tiene 160 tarjetas. ¿Cuántas tarjetas compró Vincent?

Ecuación: ______________________

Respuesta: ______________________

17. Frank compra 8 cajas de bombillas. Hay 4 bombillas en cada caja. ¿Cuántas bombillas compra?

Ecuación: ______________________

Respuesta: ______________________

18. La señora Martin hizo 12 sándwiches de atún. Esto es 3 veces el número de sándwiches de queso que hizo. ¿Cuántos sándwiches de queso hizo?

T	4	4	4
C	4		

Ecuación: ______________________

Respuesta: ______________________

19. Maria tiene una caja con cuentas. Usó 60 cuentas para hacer un collar para su madre. Ahora quedan 420 cuentas en la caja. ¿Cuántas cuentas había en la caja antes de que Maria hiciera el collar?

Ecuación: ______________________

Respuesta: ______________________

20. **Amplía tu razonamiento** Jared corrió 7 millas el lunes y corrió 3 veces esa distancia el martes. ¿Cuántas millas más que el lunes corrió Jared el martes? Pista: Usa paréntesis si lo necesitas.

Ecuación: ______________________

Respuesta: ______________________

1-3
Haz la tarea

Nombre ____________________ Fecha ____________

Completa este problema sobre Tim, el hermano mayor de Noreen.

Tim ahorró 5 dólares por día. Noreen y Tim comenzaron a ahorrar el mismo día. Haz un dibujo de la alcancía de Tim por cada día si te ayuda a decidir cuánto ha ahorrado.

Tim comenzó con una alcancía vacía.

1. El Día 1, Tim colocó 5 dólares en su alcancía.

   El Día 1, Tim tenía ______ en su alcancía.

2. El Día 2, Tim colocó 5 dólares en su alcancía.

   El Día 2, Tim tenía ______ en su alcancía.

3. El Día 3, Tim colocó 5 dólares en su alcancía.

   El Día 3, Tim tenía ______ en su alcancía.

4. El Día 4, Tim colocó 5 dólares en su alcancía.

   El Día 4, Tim tenía ______ en su alcancía.

5. El Día 5, Tim colocó 5 dólares en su alcancía.

   El Día 5, Tim tenía ______ en su alcancía.

6. El Día 6, Tim colocó 5 dólares en su alcancía.

   El Día 6, Tim tenía ______ en su alcancía.

7. El Día 7, Tim colocó 5 dólares en su alcancía.

   El Día 7, Tim tenía ______ en su alcancía.

8. El Día 8, Tim colocó 5 dólares en su alcancía.

   El Día 8, Tim tenía ______ en su alcancía.

9. Completa la tabla de tasas para mostrar los ahorros de Tim.

Días	Dólares	
1		
		+ ___
2		
		+ ___
3		
		+ ___
4		
		+ ___
5		
		+ ___
6		
		+ ___
7		
		+ ___
8		

1-3 Recuerda

Nombre ______________________ Fecha ______________

Multiplica o divide.

1. $56 \div 7 =$ ______
2. ______ $= 72 \div 8$
3. ______ $= 9 \cdot 9$
4. $8 \cdot 4 =$ ______
5. ______ $= 7 \cdot 6$
6. $56 \div 8 =$ ______
7. ______ $= 6 \cdot 4$
8. $36 \div 6 =$ ______
9. ______ $= \frac{28}{7}$
10. $7 \cdot 7 =$ ______
11. ______ $= \frac{16}{4}$
12. ______ $= \frac{63}{7}$
13. $\frac{32}{8} =$ ______
14. ______ $= 7 \cdot 4$
15. ______ $= 64 \div 8$

Representa la situación con una ecuación. Resuelve.

16. Marcie planta 42 plantas de tomate en 6 filas iguales. ¿Cuántas plantas hay en cada fila?

    Ecuación: ______________________

    Respuesta: ______________________

17. Hay 12 tostadas en una bandeja. Roberto toma 2 tostadas. ¿Cuántas tostadas quedan ahora en la bandeja?

    Ecuación: ______________________

    Respuesta: ______________________

18. Hay 240 maestros menos que estudiantes en la Secundaria Westside. Hay 10 maestros. ¿Cuántos estudiantes hay?

    Ecuación: ______________________

    Respuesta: ______________________

19. Al practicó piano 10 horas esta semana y 5 horas la semana pasada. ¿Cuántas veces más practicó Al el piano esta semana que la anterior?

    Ecuación: ______________________

    Respuesta: ______________________

20. **Amplía tu razonamiento** La señora Ortiz compró un mantel por 5 dólares y 6 servilletas por 2 dólares cada una. ¿Cuál fue el costo total?

    Pista: Usa paréntesis si lo necesitas.

    Ecuación: ______________________

    Respuesta: ______________________

1-4
Haz la tarea

Nombre ______________________ Fecha ______________

Para cada situación, decide si hay una tasa constante.
De ser así, escribe la tasa y completa la tabla de tasas.

1. La abuela Jackson tiene 5 plantas en cada fila en su jardín.

¿Hay una tasa constante? ________

______ ________ por ________

Unidad	Producto
______	______
1	
2	
3	

(+ ____ ; + ____ ; 3 • ____)

2. Una bolsa grande de papas cuesta 8 dólares en la tienda Season's Produce.

¿Hay una tasa constante? ________

______ ________ por ________

Unidad	Producto
______	______
1	
2	
3	

(+ ____ ; + ____ ; 3 • ____)

3. Escribe un problema para esta tabla de tasas. Rotula las columnas para contar tu historia.

____

____

____

____

____

____

Unidad	Producto
______	______
1	7
2	14
3	21
4	28
5	35
6	42
7	49

(+ 7 ; + 7 ; + 7 ; + 7 ; + 7 ; + 7)

Resuelve cada Rompecabezas de factores.

4.

15	21
40	

5.

10	
18	63

6.

35	15
	18

Nombre ________________________ Fecha ____________

Completa cada Rompecabezas de factores.

1

10	8
15	

2

	8
15	20

3

8	18
	63

4

8	14
36	

5

24	
28	63

6

	18
35	42

Representa la situación con una ecuación. Resuelve.

7 Si Maria divide 40 rosas en partes iguales y las coloca en 5 floreros, ¿cuántas rosas colocará en cada florero?

Ecuación: ____________________

Respuesta: ____________________

8 Ben anotó 24 puntos. Vince anotó 8 puntos. ¿Cuántos puntos menos que Ben anotó Vince?

Ecuación: ____________________

Respuesta: ____________________

9 La biblioteca de la escuela tiene 400 libros de ficción. Cincuenta son de bolsillo y el resto son de tapa dura. ¿Cuántos libros de ficción son de tapa dura?

Ecuación: ____________________

Respuesta: ____________________

10 Julie compra zapatos y una camisa. Los zapatos cuestan 5 veces más que la camisa. La camisa cuesta 6 dólares. ¿Cuánto cuestan los zapatos?

Ecuación: ____________________

Respuesta: ____________________

11 **Amplía tu razonamiento** Jake compró un cuaderno por 2 dólares y un paquete de bolígrafos por 5 dólares. ¿Cuánto cambio recibió si pagó con 10 dólares?

Pista: Usa paréntesis si lo necesitas.

Ecuación: ________________________________

Respuesta: ________________________________

1-5
Haz la tarea

Nombre ______________________ **Fecha** ______________

Para cada situación de tasas, halla la tasa unitaria y escríbela usando *por.* Haz una tabla de tasas que incluya la información proporcionada en la primera fila de la tabla. Haz una tabla de tasas mezcladas.

1 El jardín rectangular de la tía Suzy tiene 40 plantas de zanahoria en las primeras 8 filas.

______ ________ por ________

Unidad	Producto
______	______
1	
	25
	15

2 Cada semana, Aki come la misma cantidad de naranjas. En 7 semanas, comió 28 naranjas.

______ ________ por ________

Unidad	Producto
______	______
1	
4	
	8

3 Cada semana, Noreen come media docena de naranjas.

______ ________ por ________

Unidad	Producto
______	______

4 En la primavera, David planta 8 plantas de tomate en cada fila de su jardín.

______ ________ por ________

Unidad	Producto
______	______

5 Jason ahorra 4 dólares por día para comprar un aro de baloncesto.

______ ________ por ________

Unidad	Producto
______	______

6 Todos los días, Carol alimenta a su pez con 6 pizcas de alimento.

______ ________ por ________

Unidad	Producto
______	______

Nombre ______________________ Fecha ______________

Completa cada Rompecabezas de factores.

1.

15	
27	72

2.

	45
24	54

3.

24	28
30	

4.

14	63
	27

5.

48	
54	63

6.

56	32
	28

Representa la situación con una ecuación. Resuelve.

7. En el estacionamiento, hay 6 filas de autos con 30 autos estacionados en cada fila. ¿Cuántos autos hay en el estacionamiento?

Ecuación: ______________________

Respuesta: ______________________

8. Hoy, Andrew corrió 24 millas. Esto es 2 veces más de lo que corrió ayer. ¿Cuánto corrió ayer?

Ecuación: ______________________

Respuesta: ______________________

9. La cafetería vendió 30 naranjas más que manzanas. La cafetería vendió 270 naranjas. ¿Cuántas manzanas vendieron?

Ecuación: ______________________

Respuesta: ______________________

10. Ed tiene 18 peces rojos. Tiene 6 veces más peces rojos que peces anaranjados. ¿Cuántos peces anaranjados tiene?

Ecuación: ______________________

Respuesta: ______________________

11. **Amplía tu razonamiento** Hay 3 pilas con 8 libros cada una y 4 pilas con 9 libros cada una. ¿Cuántos libros hay en total?

Pista: Usa paréntesis si lo necesitas.

Ecuación: ______________________

Respuesta: ______________________

1-6
Haz la tarea

Nombre ______________________ Fecha ______________

Para cada tabla, halla el precio unitario. Luego, completa la tabla.

1. En la frutería Best Buy Fruits, 9 cajas de fresas cuestan 36 dólares. ¿Cuál es el precio unitario de 1 caja? ________

Cantidad de cajas	Costo en dólares
1	
9	36
5	
	28
	32
100	

2. En la frutería Yummy Fruits, 6 cajas de fresas cuestan 42 dólares. ¿Cuál es el precio unitario de 1 caja? ________

Cantidad de cajas	Costo en dólares
1	
6	42
10	
	21
	63
	14

3. a. Para los ejercicios 1 y 2, ¿qué suposiciones tuviste que hacer para que estas sean situaciones de tasa constante?

____

b. ¿Tu suposición es razonable?

____

c. Describe una situación en la que sería mejor comprar las fresas en la frutería Yummy Fruits y no en la frutería Best Buy Fruits.

____

____

____

d. La gráfica muestra las 3 líneas que dibujaste en esta lección. Cada línea muestra el costo de un tipo distinto de granola.

Describe en dónde se ubicaría la línea del precio de las fresas de la frutería Best Buy Fruits y la de la frutería Yummy Fruits en esta gráfica.

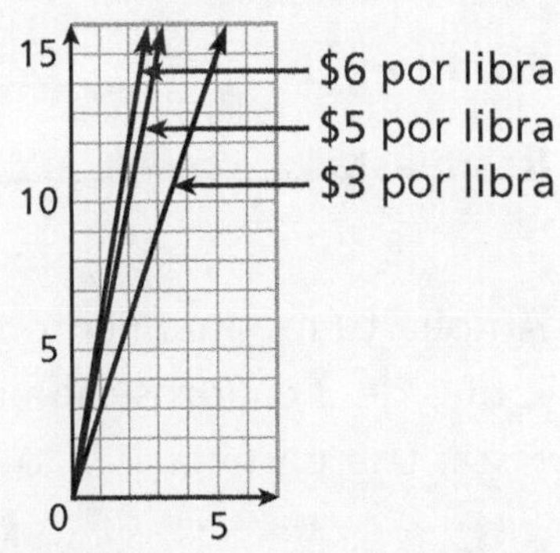

____

____

Nombre ____________________ Fecha ____________

Completa cada Rompecabezas de factores.

1

<table><tr><td>12</td><td>8</td></tr><tr><td>15</td><td></td></tr></table>

2

<table><tr><td></td><td>10</td></tr><tr><td>12</td><td>15</td></tr></table>

3

<table><tr><td>12</td><td></td></tr><tr><td>27</td><td>63</td></tr></table>

4

<table><tr><td>8</td><td></td></tr><tr><td>28</td><td>63</td></tr></table>

5

<table><tr><td>28</td><td>32</td></tr><tr><td></td><td>72</td></tr></table>

6

<table><tr><td></td><td>36</td></tr><tr><td>56</td><td>63</td></tr></table>

Representa la situación con una ecuación. Resuelve.

7. Una tienda tenía 360 botellas de agua. Algunas de las botellas se vendieron. Luego, quedaron 150 botellas de agua. ¿Cuántas botellas de agua se vendieron?

Ecuación: ____________________

Respuesta: ____________________

8. Hay 150 niñas y 140 niños inscritos en el club de ciencias después de clases. ¿Cuántos estudiantes se inscribieron en el club de ciencias?

Ecuación: ____________________

Respuesta: ____________________

9. Un florista vendió 4 tulipanes menos que rosas. El florista vendió 80 rosas. ¿Cuántos tulipanes vendió el florista?

Ecuación: ____________________

Respuesta: ____________________

10. La cuerda de Matt tiene 15 pulgadas de largo. La cuerda de Sabrina tiene 3 veces el largo de la de Matt. ¿Cuánto mide la cuerda de Sabrina?

Ecuación: ____________________

Respuesta: ____________________

11. Amplía tu razonamiento Mario tiene 9 cuadros para colgar. Cuelga 2 filas de 3 cuadros cada una. ¿Cuántos cuadros le falta colgar? Pista: Usa paréntesis si lo necesitas.

Ecuación: ____________________

Respuesta: ____________________

1-7

Haz la tarea

Nombre _______________________________ **Fecha** ______________

❶ Encierra en un círculo la tasa unitaria de la tabla. Usa la tasa unitaria para completar la tabla. Dibuja una gráfica y muestra el triángulo de tasa unitaria.

Tiempo	Distancia
Segundos	**Yardas**
1	6
	18
	24
2	

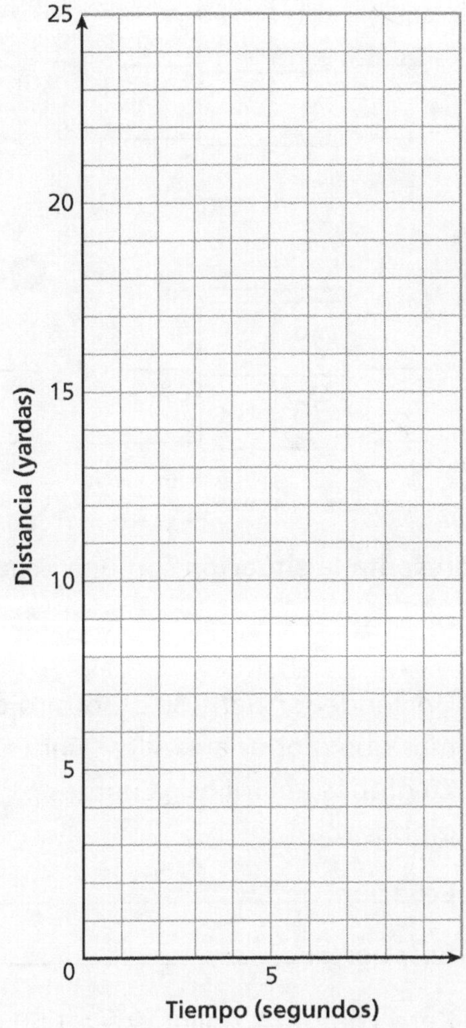

Estas tablas de tasas muestran la velocidad de tres atletas distintos. Completa la tabla con los valores que faltan.

❷

Tiempo	Distancia
Segundos	**Yardas**
1	2
	4
3	
	8
5	

❸

Tiempo	Distancia
Segundos	**Yardas**
1	
2	
	25
8	
10	50

❹

Tiempo	Distancia
Segundos	**Yardas**
	24
1	
4	12
2	
	15

1-7 Recuerda

Nombre ______________________ Fecha ______________

Completa cada Rompecabezas de factores.

1

	___	___	
___	6	15	___
___	8		___
	___	___	

2

	___	___	
___		6	___
___	20	15	___
	___	___	

3

	___	___	
___	6		___
___	16	56	___
	___	___	

4

	___	___	
___	32		___
___	36	63	___
	___	___	

5

	___	___	
___	6	16	___
___		56	___
	___	___	

6

	___	___	
___		63	___
___	32	72	___
	___	___	

Representa la situación con una ecuación. Resuelve.

7. Un vendedor tiene 80 globos rojos más que globos amarillos. Tiene 20 globos amarillos. ¿Cuántos globos rojos tiene?

Ecuación: ______________________

Respuesta: ______________________

8. Sam trabaja en una panadería. Si tiene 54 bagels y pone 6 en cada bolsa, ¿cuántas bolsas usa?

Ecuación: ______________________

Respuesta: ______________________

9. Kerri compra 3 bolígrafos a 1.50 dólares cada uno. Paga con un billete de 10 dólares. ¿Cuánto cambio le devolvieron?

Ecuación: ______________________

Respuesta: ______________________

10. Un teatro tiene 10 filas de asientos con 8 asientos en cada fila. Si hay 28 personas sentadas, ¿cuántos asientos están vacíos?

Ecuación: ______________________

Respuesta: ______________________

11. **Amplía tu razonamiento** Una habitación tiene 9 mesas con 6 sillas cada una y 7 mesas con 8 sillas cada una. ¿Cuántas sillas hay en la habitación en total? Pista: Usa paréntesis si lo necesitas.

Ecuación: ______________________

Respuesta: ______________________

1-8
Haz la tarea

Nombre ______________________________ Fecha ______________

Noreen y Tim plantan zanahorias en su jardín. Cada uno planta filas al mismo tiempo. Noreen planta 4 semillas de zanahoria en cada fila. Tim planta 9 semillas de zanahoria en cada fila.

Filas	N (4)	T (9)
1	4	9
2	8	18
3	12	27
4	16	36
5	20	45
6	24	54
7	28	63

	N (4)	T (9)	
	4	9	
+ 4	8	18	+ 9
+ ___	12	27	+ ___
+ ___	16	36	+ ___
+ ___	20	45	+ ___
+ ___	24	54	+ ___
+ ___	28	63	+ ___

1. ¿En qué se parecen las tablas? ¿En qué se diferencian?

____

____

____

____

2. ¿Qué representan los números encerrados en círculos en la parte superior de cada tabla?

____

3. Completa los números a la izquierda y a la derecha de la tabla de razones para mostrar los aumentos constantes de Noreen y Tim.

Usa las tablas para contestar cada pregunta.

4. Noreen ha plantado 12 semillas de zanahoria. ¿Cuántas plantó Tim?

_______ semillas de zanahoria

¿Cuántas filas son? _______ filas

5. Tim ha plantado 63 semillas de zanahoria. ¿Cuántas ha plantado Noreen?

_______ semillas de zanahoria

¿Cuántas filas son? _______ filas

1-8
Recuerda

Nombre ______________________ Fecha ____________

Completa cada Rompecabezas de factores.

1

15	35
	63

2

	27
32	24

3

40	35
32	

Completa cada tabla de tasas con los valores que faltan.

4

Número de libras	Costo en dólares
1	4
2	
3	
	16
5	
	24

5

Número de libras	Costo en dólares
1	7
2	
	28
	35
10	
	700

6

Número de libras	Costo en dólares
1	
8	
	18
6	54
	180
	36

Representa la situación con una ecuación. Resuelve.
Usa paréntesis si lo necesitas.

7 La panadería de Bob vendió 10 bolsas de bagels que contienen una docena de bagels cada una y 30 bolsas de bagels que contienen media docena cada una. ¿Cuántos bagels vendió la panadería en total?

Ecuación: ______________________

Respuesta: ______________________

8 **Amplía tu razonamiento** Brendan vive 2 millas más cerca de la biblioteca que Jamal. Jamal vive 1 milla más lejos de la biblioteca que Aisha. Jamal vive a 3 millas de la biblioteca. ¿Cuánto más cerca de la biblioteca vive Brendan que Aisha?

Ecuación: ______________________

Respuesta: ______________________

1-9
Haz la tarea

Nombre ________________________ Fecha ____________

Haz una tabla de razones para cada situación. Asegúrate de rotular las columnas.

1. Noreen y Tim plantan grupos de flores en sus jardines. Noreen planta 3 en un grupo mientras Tim planta 5 en un grupo.

2. La receta de la ensalada de verano de la abuela Suzy tiene 2 pepinos por cada 3 tomates.

3. La pintura de color morado Royal se hace con 3 latas de pintura roja y 7 latas de pintura azul.

Tabla de razones 1

	___	___	
+ ___			+ ___
+ ___			+ ___
+ ___			+ ___
+ ___			+ ___
+ ___			+ ___
+ ___			+ ___
+ ___			+ ___

La unidad vinculante es ____________.

Tabla de razones 2

lotes	___	___

La unidad vinculante es ____________.

Tabla de razones 3

___	___

La unidad vinculante es ____________.

4. Encierra en un círculo cada tabla de razones a continuación. Escribe números para mostrar las dos columnas de multiplicación que hay en cada tabla de razones.

A.

7	3
14	6
21	9
28	12
35	15
42	18
49	21

B.

2	3
4	5
6	8
8	10
10	13
12	15
14	18

C.

9	4
18	8
27	12
36	16
45	20
54	24
63	28

D.

1	1
1	2
1	3
1	4
1	5
1	6
1	7

Nombre ______________________ Fecha ______________

Completa cada Rompecabezas de factores.

1.

	___	___
___	10	12
___		42

2.

	___	___
___		18
___	40	15

3.

	___	___
___	36	63
___	32	

Completa la tabla de tasas con los valores que faltan. Dibuja la gráfica.

4.

Número de libras	Costo en dólares
1	
2	
3	6
	8

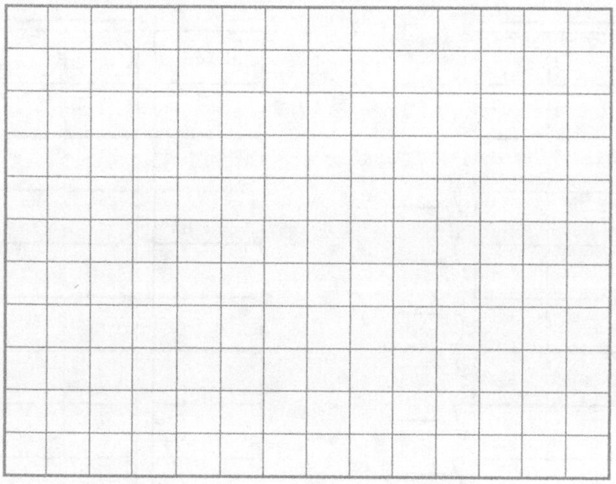

Representa la situación con una ecuación. Resuelve. Usa paréntesis si lo necesitas.

5. La sección A del estadio tiene 30 filas de asientos con 20 asientos en cada fila. La sección B tiene 4 veces más asientos que la Sección A. ¿Cuántos asientos hay en la Sección B?

Ecuación: ______________________

Respuesta: ______________________

6. **Amplía tu razonamiento** Un vendedor de globos vendió 225 globos el sábado. Vendió globos rojos, amarillos y azules. Vendió 100 globos rojos y 25 más rojos que azules. ¿Cuántos globos amarillos vendió?

Ecuación: ______________________

Respuesta: ______________________

1-10
Haz la tarea

Nombre ______________________ Fecha ____________

Usa Rompecabezas de factores para resolver estos problemas de proporción.

Diana y Walter son gemelos que realizan estas actividades durante la misma cantidad de tiempo, pero cada uno a su tasa constante.

1 **a.** Diana lee 15 páginas y Walter lee 35 páginas. ¿Cuántas páginas había leído Diana cuando Walter había leído 14 páginas?

_______ páginas

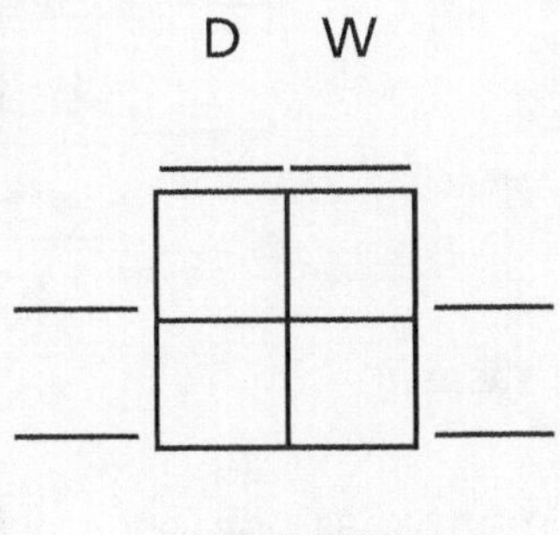

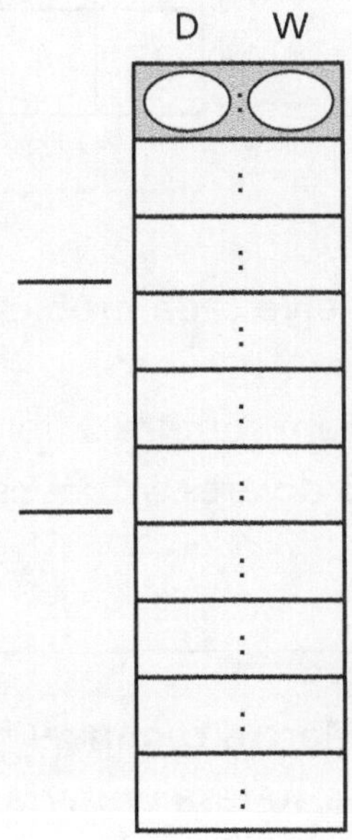

b. Completa la tabla de razones y encierra en un círculo las filas que forman el Rompecabezas de factores.

2 Diana vendió 35 entradas y Walter vendió 56 entradas. ¿Cuántas entradas había vendido Walter cuando Diana había vendido 15 entradas?

_______ entradas

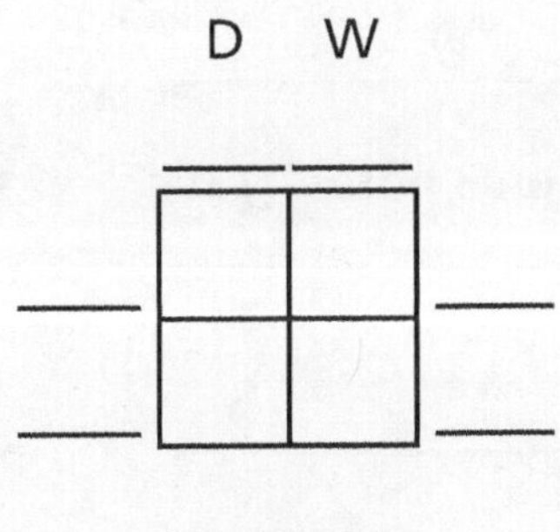

3 Diana rebanó 24 bananas mientras que Walter rebanó 16 bananas. Cuando Diana había rebanado 21 bananas, ¿cuántas bananas había rebanado Walter?

_______ bananas

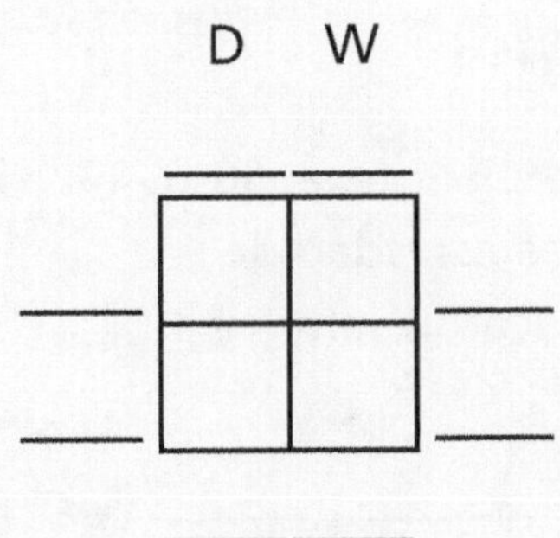

4 Walter hizo 6 dibujos mientras que Diana hizo 8 dibujos. Cuando Diana había hecho 28 dibujos, ¿cuántos dibujos había hecho Walter?

_______ dibujos

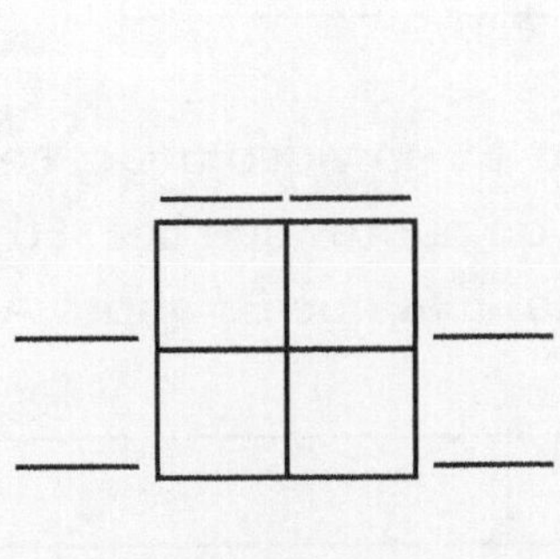

1-10
Recuerda

Nombre ______________________ Fecha ______________

Completa cada Rompecabezas de factores.

1

	___	___
___	40	32
___	35	

2

	___	___
___		72
___	36	81

3

	___	___
___	63	
___	54	48

Resuelve cada problema de tasas.

4 Sam compra 3 libras de manzanas por 6 dólares. ¿Cuál es la tasa unitaria?

____

5 Ashley gana 5 dólares por hora como niñera. ¿Cuánto ganará si trabaja 3 horas?

____

6 Marcus camina 9 millas en 3 horas. ¿Cuál es su tasa unitaria?

____

7 La señora Dunn conduce a una tasa constante de 55 millas por hora durante 2 horas. ¿Cuánta distancia recorre?

____

Representa la situación con una ecuación. Resuelve. Usa paréntesis si lo necesitas.

8 Jamie sacó 4 libros de la biblioteca. Su hermana sacó 3 veces esa cantidad de libros. ¿Cuántos libros sacaron Jamie y su hermana en total?

Ecuación: ______________________

Respuesta: ______________________

9 Hay 9 manzanas rojas en un recipiente. Hay 4 manzanas verdes menos que rojas. ¿Cuántas manzanas hay en el recipiente?

Ecuación: ______________________

Respuesta: ______________________

10 **Amplía tu razonamiento** En un videojuego, Lee anotó 500 puntos. Andrew anotó el doble de puntos que Lee. Ed anotó 100 puntos más que Lee. ¿Cuántos puntos más que Ed anotó Andrew?

Ecuación: ______________________

Respuesta: ______________________

1-11 Haz la tarea

Nombre ______________________ Fecha ______________

Explica por qué la situación es una proporción o escribe la suposición que se debe manifestar para que este problema sea un problema de proporción.

Usa un Rompecabezas de factores para resolver el problema.

1. Para hacer pintura de color azul claro, Erica mezcla 6 latas de azul y 10 latas de blanco. Tiene 35 latas de pintura blanca. ¿Cuántas latas de azul necesita para obtener el mismo azul claro?

____

____

_____ latas

2. El florista Friendly Florist vende ramos con 16 margaritas y 6 rosas. La tía Lynn quiere un ramo grande en la misma razón. Si compra 40 margaritas, ¿cuántas rosas comprará?

____

____

_____ rosas

3. La Escuela Central tiene 6 impresoras y 14 computadoras. Si la Escuela East tiene 28 computadoras, ¿cuántas impresoras tiene?

____

____

_____ impresoras

4. Los gemelos hicieron panqueques con 10 tazas de mezcla y 15 huevos. Todos quieren más, pero solo les quedan 12 huevos. ¿Cuántas tazas de mezcla deben usar?

____

____

_____ tazas

1-11
Recuerda

Nombre ______________________ Fecha __________

Completa cada Rompecabezas de factores.

1

15	24
	56

2

	63
56	72

3

56	
63	54

¿Es la tabla una tabla de razones? Escribe *sí* o *no*.
Si la respuesta es *sí*, escribe la razón básica en la parte superior de la tabla.

4

◯ : ◯
5 : 8
10 : 16
15 : 24
20 : 32
25 : 40

5

◯ : ◯
2 : 3
4 : 6
6 : 9
7 : 12
12 : 15

6

◯ : ◯
7 : 5
14 : 10
21 : 15
28 : 20
35 : 25

7

◯ : ◯
6 : 4
12 : 8
20 : 12
22 : 16
24 : 20

Representa la situación con una ecuación. Resuelve. Usa paréntesis si lo necesitas.

8 El libro que Maria está leyendo tiene 50 páginas. El libro de su hermana Abigail tiene 3 veces esa cantidad de páginas. ¿Cuántas páginas más hay en el libro de Abigail que en el de Maria?

Ecuación: ______________________

Respuesta: ______________________

9 **Amplía tu razonamiento** Una mezcla de frutos secos contiene tres tipos de nueces. Hay 5 onzas de almendras. El peso de los cajús es el triple del peso de las almendras y el peso de los maníes es 10 onzas más que el peso de las almendras. ¿Cuál es el peso de la mezcla?

Ecuación: : ______________________

Respuesta: : ______________________

1-12
Haz la tarea

Nombre ______________________ **Fecha** __________

Muestra el Rompecabezas de factores para cada proporción. Resuelve.

1. $18:54 = c:42$

   $c =$ ______

2. $27:63 :: 12:q$

   $q =$ ______

3. $12:50 = a:75$

   $a =$ ______

Estimados estudiantes de matemáticas:

Hoy estaba mezclando pintura azul y roja para hacer pintura morada. Mezclé 14 tazas de azul con 42 tazas de rojo y obtuve un lindo color morado. Necesitaba más pintura. Tenía 12 tazas más de rojo, así que usé este Rompecabezas de factores para averiguar cuánto azul debería mezclar. Obtuve mi respuesta: 36 tazas.

Entonces, mezclé 36 tazas de azul con 12 tazas de rojo y el color morado no era el mismo que el del primer lote.

¿Hice algo mal? ¿Me pueden ayudar?

Tu amigo,
Pingüino Confundido

B	R
14	42
12	

4. Escribe una respuesta para el Pingüino Confundido.

____

____

____

____

____

Nombre ____________________ Fecha ____________

Completa cada Rompecabezas de factores.

1

42	54
49	

2

	6
4	3

3

20	
36	63

Encierra en un círculo cada tabla de razones a continuación. Escribe números para mostrar las dos columnas de multiplicación que hay en cada tabla de razones.

4

◯ : ◯
5 : 7
10 : 14
15 : 28
20 : 35
25 : 42
30 : 49
35 : 63

5

◯ : ◯
3 : 7
6 : 14
9 : 21
12 : 28
15 : 35
18 : 42
21 : 49

6

◯ : ◯
3 : 4
3 : 8
3 : 12
3 : 16
3 : 20
3 : 24
3 : 28

7

◯ : ◯
2 : 5
4 : 10
6 : 15
8 : 20
10 : 25
12 : 30
14 : 35

Representa la situación con una ecuación. Resuelve.
Usa paréntesis si lo necesitas.

8 El exhibidor de Marna tiene 3 filas de estampillas con 9 estampillas en cada fila. El exhibidor de Ned tiene 1 fila menos pero 2 estampillas más en cada fila. ¿Cuántas estampillas hay en el exhibidor de Ned?

Ecuación: ____________________

Respuesta: ____________________

9 **Amplía tu razonamiento** Una cesta de frutas tiene 6 manzanas. Tiene dos veces más naranjas que manzanas y dos veces más manzanas que bananas. ¿Cuántas más naranjas que bananas hay?

Ecuación: ____________________

Respuesta: ____________________

Nombre ______________________ Fecha ______________

❶ Haz un problema escrito para la proporción $6:15 = n:35$.

____

____

____

____

Resuelve.

❷ $4:7 :: m:42$

$m =$ __________

❸ $3:d :: 27: 45$

$d =$ __________

❹ ¿Cuál es la razón básica para 12:27?

____

❺ La razón básica para 120:150 es __________.

❻ La razón básica para 24:56 es __________.

❼ Danny llena cada florero con 5 rosas y 9 lirios. ¿Cuántos lirios usará si usa 30 rosas?

____

❽ La razón de costo de Dede entre los globos grandes y los globos pequeños era de 15 dólares a 6 dólares. La razón de su hermana Fran fue de ■ a 14 dólares. ¿Cuánto pagó Fran por los globos grandes?

____

1-13 Recuerda

Nombre ____________________ Fecha ____________

Completa cada Rompecabezas de factores.

1

	7	2
	56	

2

	36	32
		72

3

	72	
	8	7

Completa cada tabla de razones. Escribe la razón básica.

4

◯	:	◯
12	:	
36	:	63
	:	14
28	:	
16	:	
	:	42
	:	35

5

◯	:	◯
	:	35
	:	40
9	:	
18	:	
6	:	10
	:	25
12	:	

6

◯	:	◯
4	:	
8	:	
	:	9
14	:	21
	:	18
16	:	
10	:	

7

◯	:	◯
	:	14
8	:	
	:	42
	:	28
40	:	
56	:	
24	:	21

Representa la situación con una ecuación. Resuelve.
Usa paréntesis si lo necesitas.

8 Andy recogió 5 tulipanes. Brianna recogió 3 tulipanes más que Andy. Carley recogió 16 tulipanes. ¿Cuántos tulipanes más que Briann recogió Carley?

Ecuación: ____________________

Respuesta: ____________________

9 **Amplía tu razonamiento** La señora Martinez hornea 5 moldes de pan de maíz y corta cada molde de pan de manera que haya 3 filas con 4 pedazos en cada una. ¿Cuántos pedazos podría haber obtenido si hubiera cortado cada molde de pan de maíz de manera que hubieran 4 filas con 5 pedazos cada una?

Ecuación: ____________________

Respuesta: ____________________

1-14 Haz la tarea

Nombre ____________________ Fecha ____________

Encierra en un círculo el número del problema que no sea un problema de proporción. Resuelve cada problema de proporción.

1. 3:5 :: 21:*r*

   $r =$ ______

2. *b*:7 :: 16:56

   $b =$ ______

3. ¿Cuál es la razón básica para 30:42?

   ______

4. La razón básica para 36:84 es ______.

5. ¿Cuál es la razón básica para 5:15? ______

6. En el zoológico hay 6 flamencos por cada 8 patos. Si hay 20 patos, ¿cuántos flamencos hay?

   ____

7. Josh y Sally andan en bicicleta cada uno a su tasa constante. Josh recorre 35 millas mientras que Sally recorre 40 millas. Si Sally recorre 16 millas, ¿cuánta distancia recorrió Josh?

   ____

8. Alice está repartiendo el correo en la calle Maple. Tiene cartas para las casas #4 y #6. Si tiene cartas para la casa #20, ¿para qué otras casas tiene cartas?

   ____

9. 9:24 :: 24:*d*

   $d =$ ______

Nombre ______________________________ Fecha ______________

Completa cada Rompecabezas de factores.

1

	___	___	
___	20	45	___
___		63	___
	___	___	

2

	___	___	
___		12	___
___	35	10	___
	___	___	

3

	___	___	
___	6		___
___	48	56	___
	___	___	

Muestra el Rompecabezas de factores para cada proporción. Resuelve.

4 $a:18 = 35:45$

5 $15:12 = b:28$

6 $15:c = 5:2$

$a =$ ________ $b =$ ________ $c =$ ________

Representa la situación con una ecuación. Resuelve. Usa paréntesis si lo necesitas.

7 Ayer, la panadería hizo 360 bagels. Los empaquetaron en bolsas de 6. Vendieron 45 bolsas. ¿Cuántas bolsas quedan?

Ecuación: ______________________________

Respuesta: ______________________________

8 Al anotó 250 puntos. Esto es 25 puntos más que Ben. Kim anotó el doble de puntos que Ben. ¿Cuál fue puntaje de Kim?

Ecuación: ______________________________

Respuesta: ______________________________

9 **Amplía tu razonamiento** El miércoles, Felipe condujo 150 millas. Esta distancia fue 3 veces mayor que la que condujo el lunes y 40 millas más de lo que condujo el martes. ¿Cuántas millas condujo Felipe en los tres días?

Ecuación: ______________________________

Respuesta: ______________________________

1-15
Haz la tarea

Nombre ______________________ Fecha ____________

Usa tus habilidades de razonamiento para desarrollar un conjunto de datos que se puede representar gráficamente una recta. Escribe tus datos a continuación y luego traza los pares ordenados para verificar los datos diagramados en una recta.

____

____

____

eje *x*	eje *y*

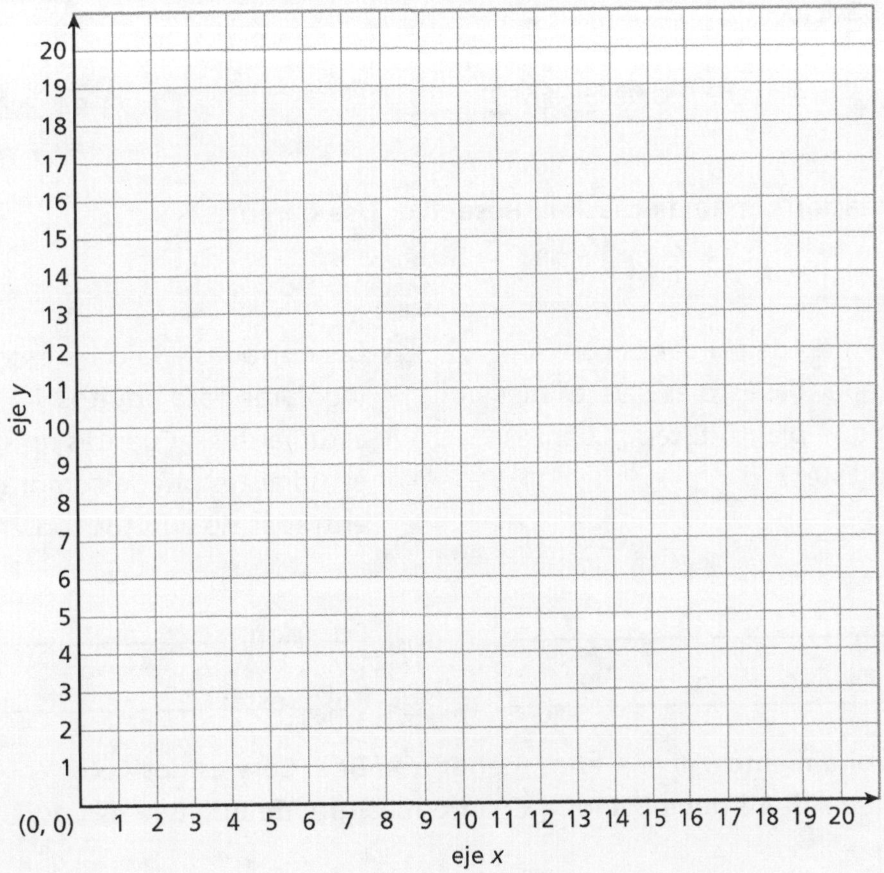

1-15
Recuerda

Nombre ______________________ Fecha ______________

Completa cada Rompecabezas de factores.

1

	___	___	
___	32	20	___
___		35	___
	___	___	

2

	___	___	
___		28	___
___	36	16	___
	___	___	

3

	___	___	
___	2		___
___	18	63	___
	___	___	

Resuelve cada proporción.

4 $24:28 = n:35$

$n =$ ______

5 $16:b :: 10:35$

$b =$ ______

6 $2:9 = 8:c$

$c =$ ______

Escribe la razón básica.

7 36:81 ______

8 25:40 ______

9 24:64 ______

Representa la situación con una ecuación. Resuelve. Usa paréntesis si lo necesitas.

10 Brian plantó 6 filas de tulipanes con 5 bulbos en cada fila. Esto es 3 veces más bulbos de los que plantó Ester. ¿Cuántos bulbos plantó Ester?

Ecuación: ______________________

Respuesta: ______________________

11 Las entradas a la obra escolar cuestan 6 dólares para adultos y 4 dólares para estudiantes. ¿Cuántas más entradas de estudiantes puede comprar Victoria que entradas de adultos con 24 dólares?

Ecuación: ______________________

Respuesta: ______________________

12 **Amplía tu razonamiento** Ali es 4 años menor que Bee. Cory es dos veces más grande que Ali. Ali tiene 8 años. ¿Cuánto más grande que Bee es Cory?

Ecuación: ______________________

Respuesta: ______________________

Nombre ______________________ Fecha ____________

Halla el perímetro y el área de cada rectángulo o cuadrado.

1
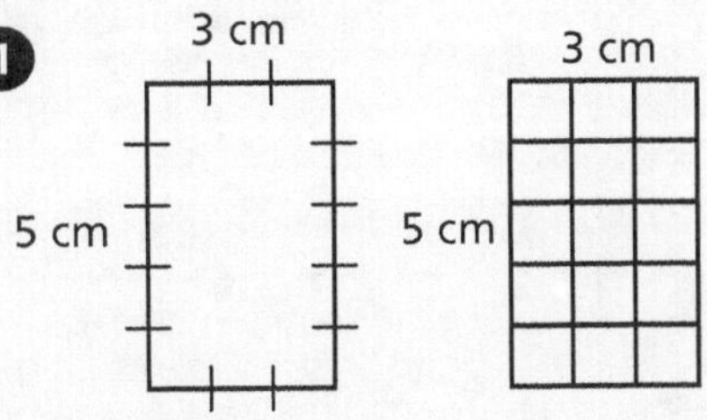

$P =$ ______________

$A =$ ______________

2
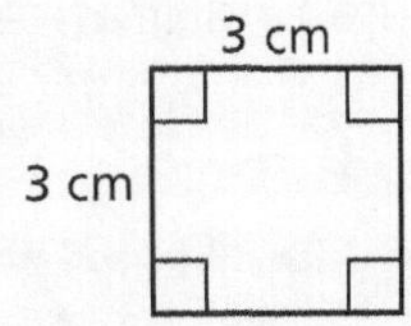

$P =$ ______________

$A =$ ______________

3
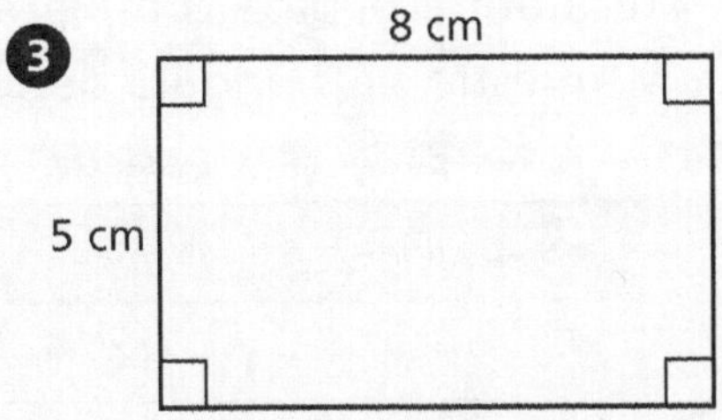

$P =$ ______________

$A =$ ______________

Halla la longitud del lado desconocido.

4
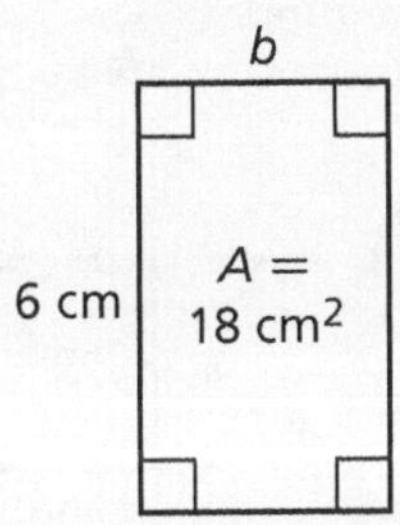

$b =$ ______________

5
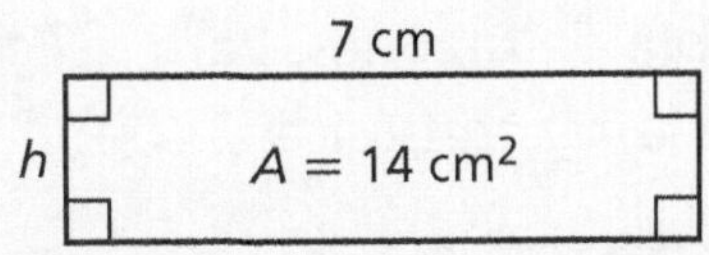

$h =$ ______________

6
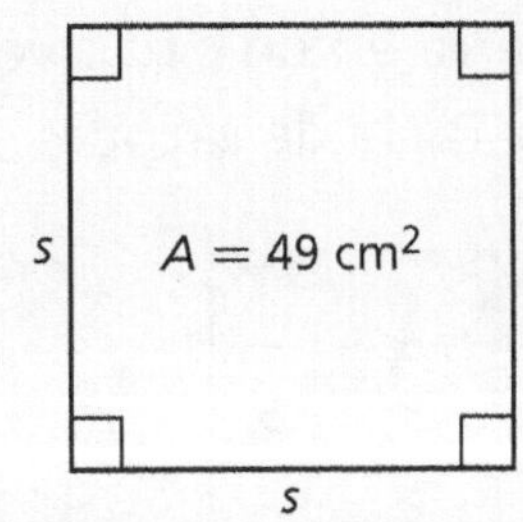

$s =$ ______________

Resuelve.

7 Kaya está empapelando una pared de su habitación. La pared tiene 10 pies de largo y 8 pies de alto. ¿Cuántos pies cuadrados de empapelado necesitará Kaya? ______________

8 La habitación de Mia tiene 12 pies de largo y 10 pies de ancho. Quiere poner un borde en la parte superior de las paredes. ¿Cuántos pies de borde necesita? ______________

9 Una pared rectangular mide 15 pies a lo largo del suelo. El área de la pared es de 180 pies cuadrados. ¿Cuál es la altura de la pared?

____

10 Corey está poniendo azulejos en un baño rectangular que tiene 6 pies por 8 pies. Cada azulejo cubre 2 pies cuadrados. ¿Cuántos azulejos necesitará?

____

Nombre ______________________ Fecha ______________

1 Encierra en un círculo la tasa unitaria de la tabla. Usa la tasa unitaria para completar la tabla. Dibuja una gráfica y muestra el triángulo de tasa unitaria.

Tiempo	Distancia
Segundos	**Yardas**
1	2
	10
3	
2	
	8

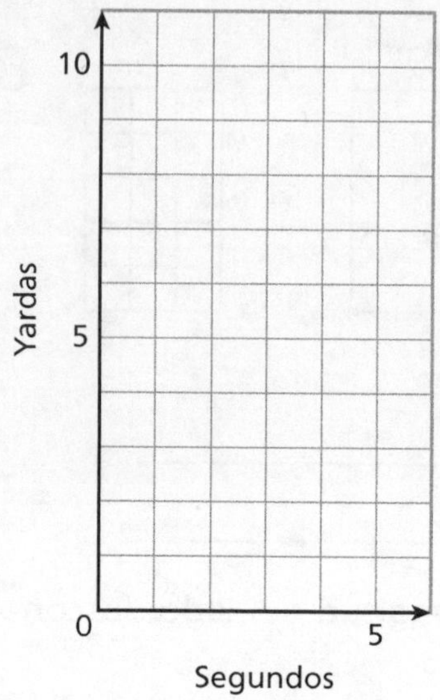

2 Encierra en un círculo cada Tabla de razones. Para cada Tabla de razones, escribe la razón básica.

A.

◯	◯
3 : 5	
6 : 10	
9 : 15	
15 : 20	
18 : 25	

B.

◯	◯
2 : 3	
4 : 6	
6 : 9	
8 : 12	
10 : 15	

C.

◯	◯
4 : 9	
8 : 18	
12 : 27	
16 : 36	
20 : 45	

D.

◯	◯
2 : 6	
2 : 8	
3 : 9	
4 : 12	
5 : 15	

Usa un Rompecabezas de factores para resolver el problema.

3 Para hacer pintura rosa, Brianna mezcló 8 latas de pintura roja y 14 latas de pintura blanca. Tiene 20 latas más de pintura roja. ¿Cuántas latas de pintura blanca necesita mezclar para obtener el mismo color rosa?

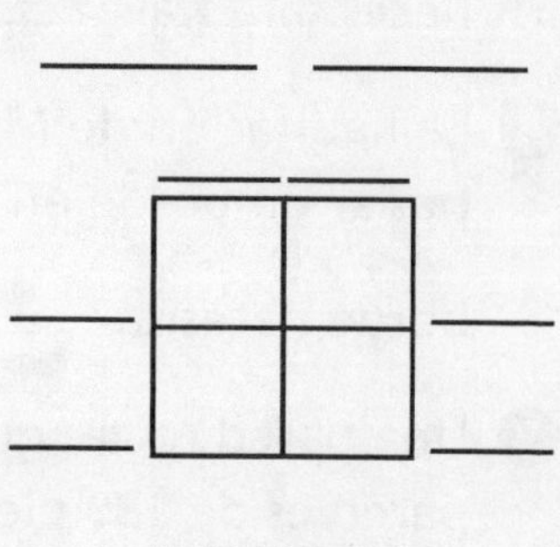

_______ latas

4 **Amplía tu razonamiento** Natalie y Dan comenzaron a ahorrar dinero al mismo tiempo y cada uno ahorra a su propia tasa constante. Cuando Dan ha ahorrado 6 dólares, Natalie ha ahorrado 14 dólares. ¿Cuánto más dinero que Dan habrá ahorrado Natalie cuando Dan haya ahorrado 15 dólares?

____

2-2
Haz la tarea

Nombre _______________ Fecha _______________

Halla la longitud del lado desconocido.

1. 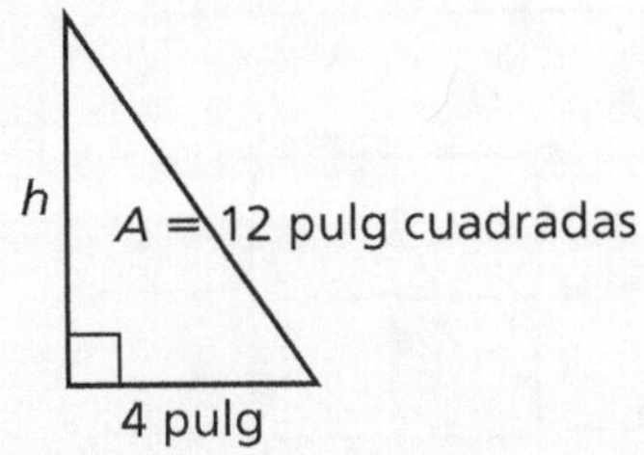

$h =$ ____________

2. 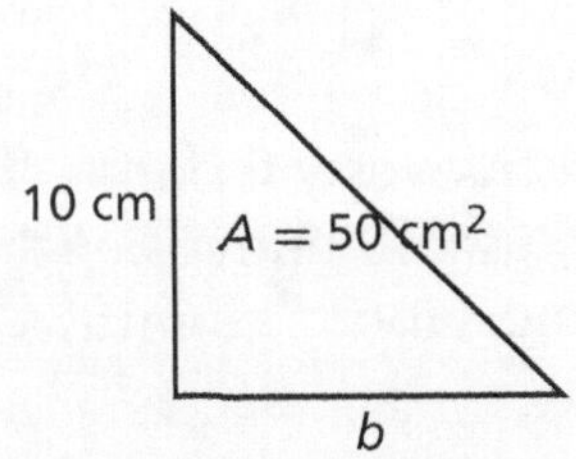

$b =$ ____________

3. 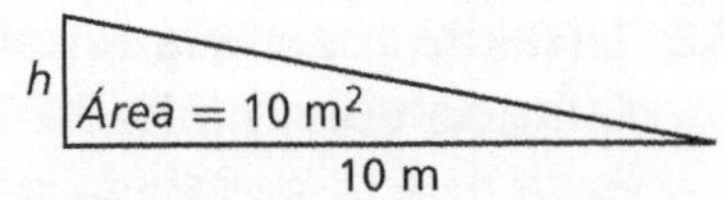

$h =$ ____________

Resuelve.

4. Una diagonal divide una parcela cuadrada de jardín que tiene un lado de 2 pies. ¿Cuál es el área en cualquiera de los dos lados de la diagonal?

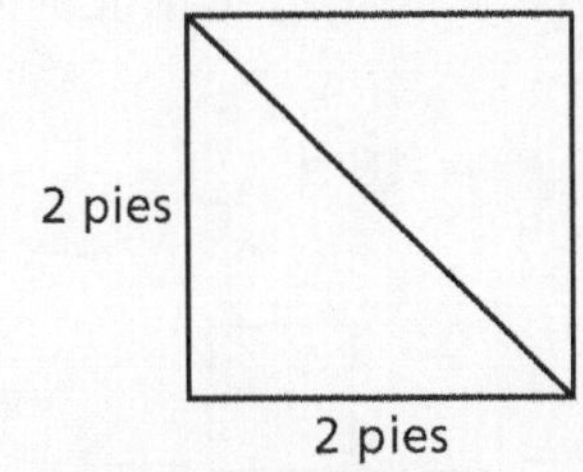

____

5. En el gimnasio hay un cartel con la forma de un triángulo rectángulo. Tiene una altura de 4 pies y una base de 9 pies. ¿Cuál es el área del cartel?

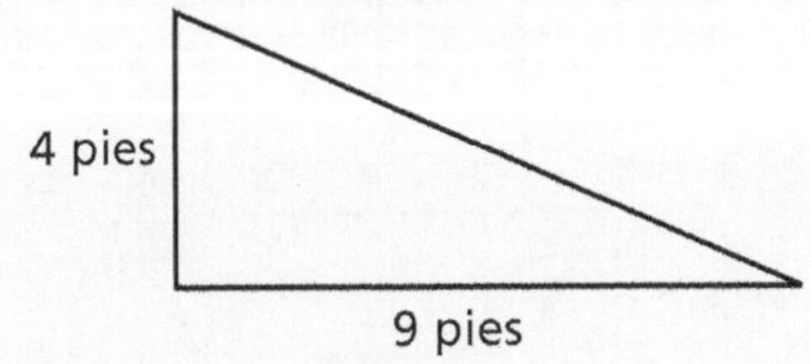

____

6. Una colcha está compuesta por 8 triángulos rectángulos. Cada triángulo tiene una base de 6 pulgadas y una altura de 6 pulgadas. ¿Cuánta tela se necesita para cubrir el reverso de la colcha?

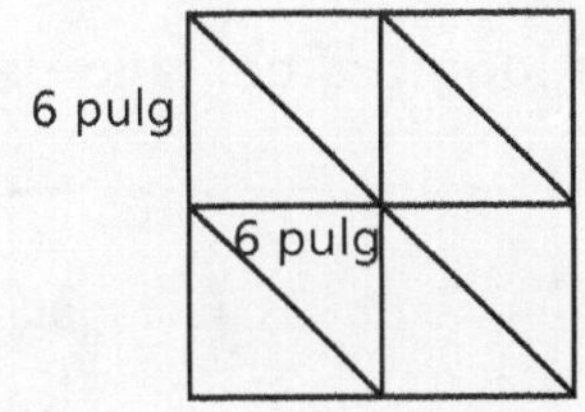

____

7. Jeremy compró un trozo de tela que tiene un área de 1,296 pulgadas cuadradas. Lo cortó en diagonal por la mitad para hacer dos triángulos iguales. Uno de los triángulos tiene una altura de 24 pulgadas. ¿Cuán larga es la base?

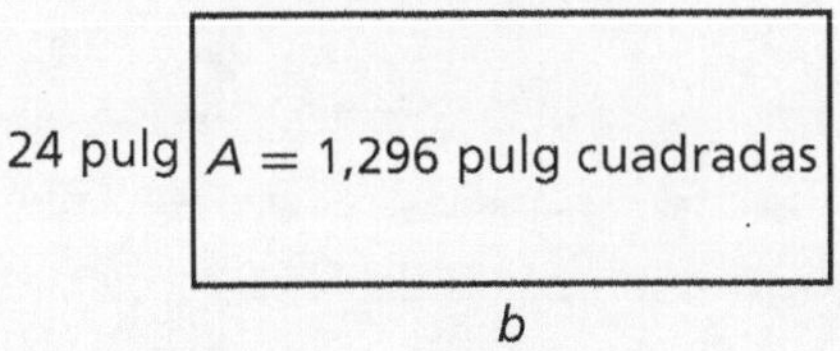

____

2-2
Recuerda

Nombre ______________________ Fecha ______________

Usa un Rompecabezas de factores para resolver el problema.

❶ 1 Hakim hizo una ensalada y usó 4 huevos y 6 papas. Cuando volvió a hacer la ensalada, usó 10 huevos. Para que la ensalada tenga el mismo sabor, ¿cuántas papas usó?

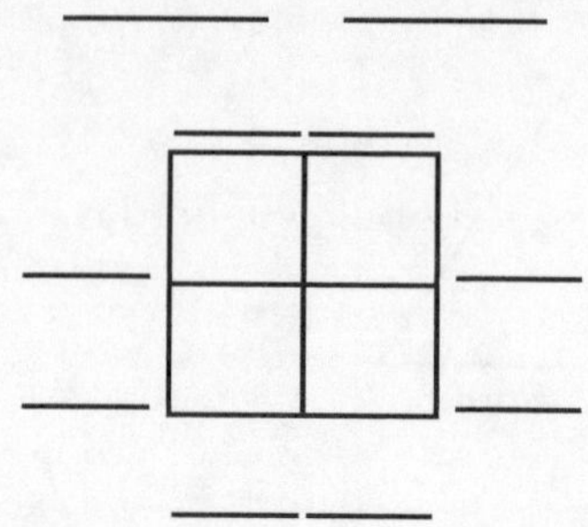

_______ papas

Muestra el Rompecabezas de factores para cada proporción. Resuelve la proporción.

❷ 14:35 = 18:*a*

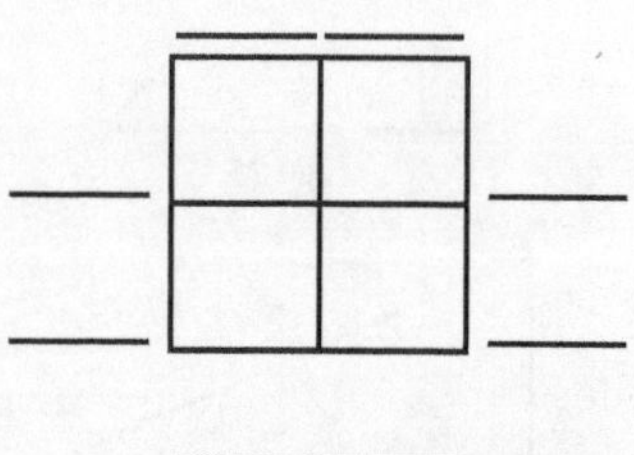

a = _______

❸ *b*:63 = 8:14

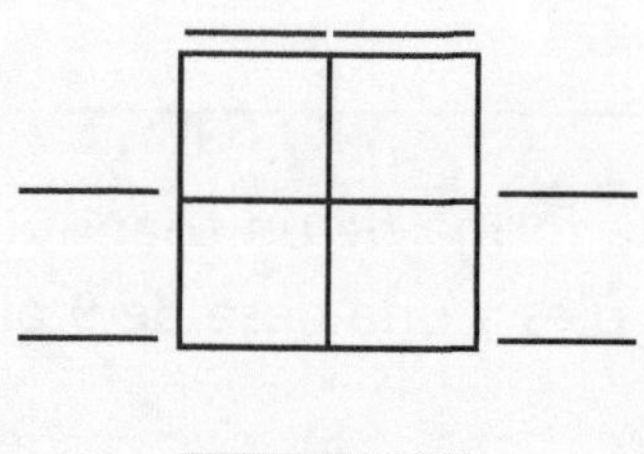

b = _______

❹ 27:45 = 21:*c*

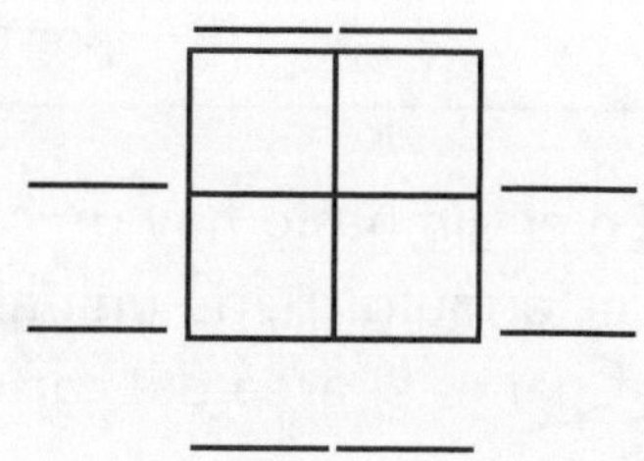

c = _______

Busca la longitud del lado desconocido.

❺

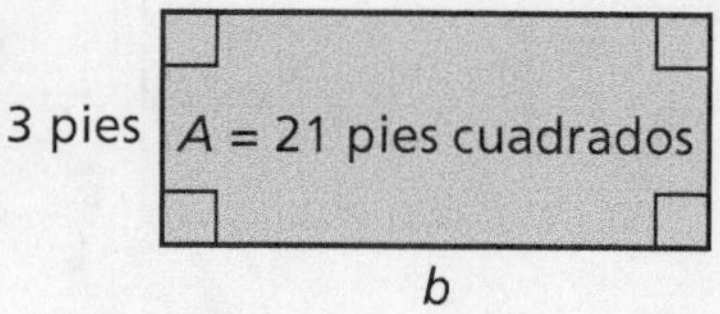

b = _______

❻

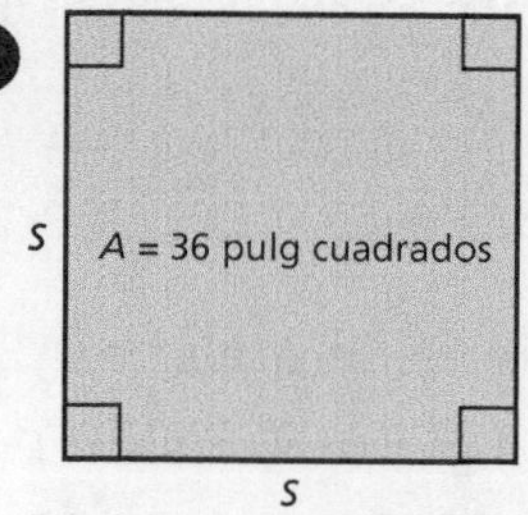

s = _______

❼

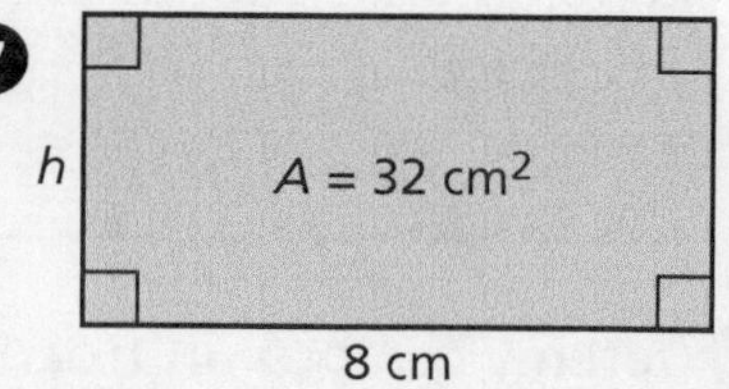

h = _______

❽ **Amplía tu razonamiento** Busca el área de la parte sombreada de este cuadrado. Describe tu método.

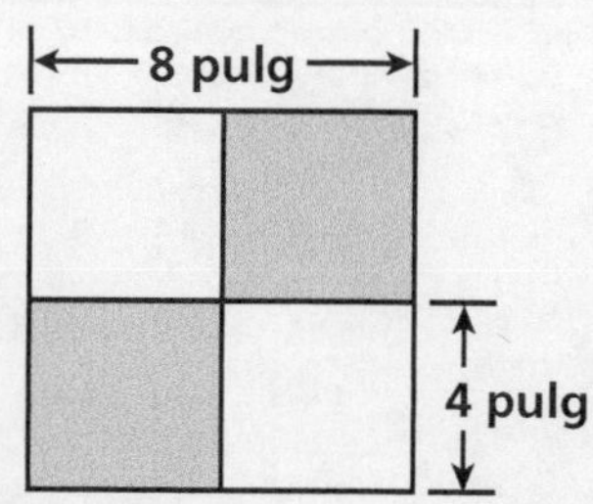

____

____

____

2-3
Haz la tarea

Nombre ______________________ Fecha ______________

1. Observa los paralelogramos. ¿Qué dos paralelogramos tienen la misma área? Muestra tu trabajo.

A
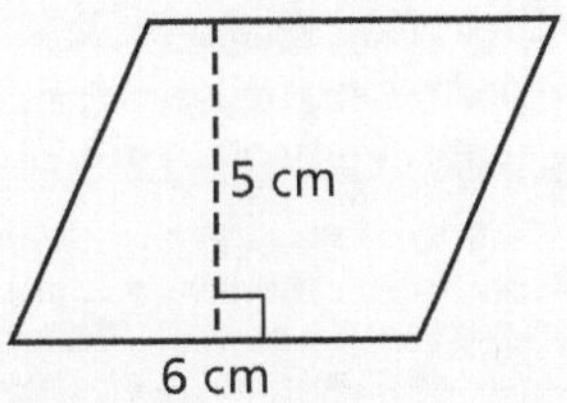

B
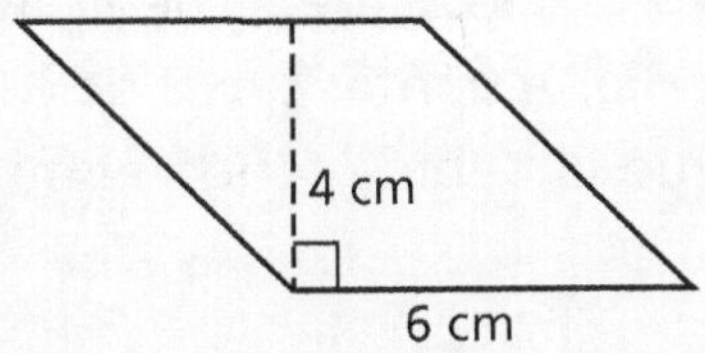

C
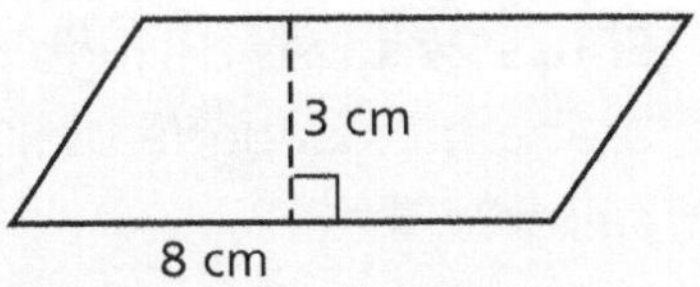

$A =$ ______________ $A =$ ______________ $A =$ ______________

Halla la longitud del lado desconocido.

2.
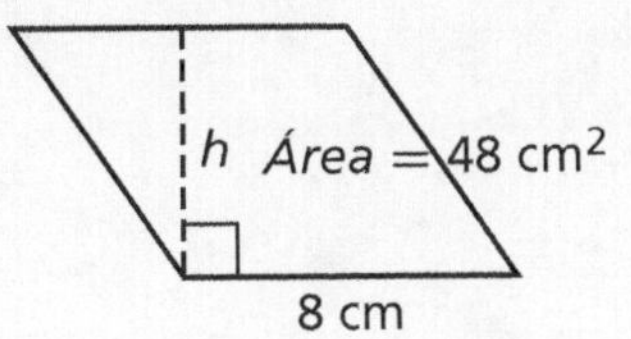

3.
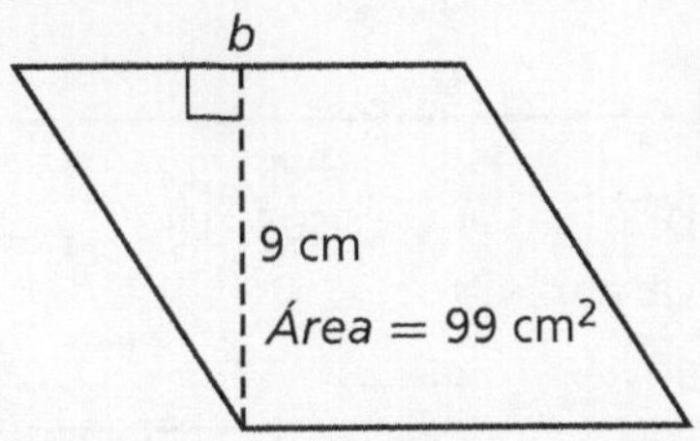

4.
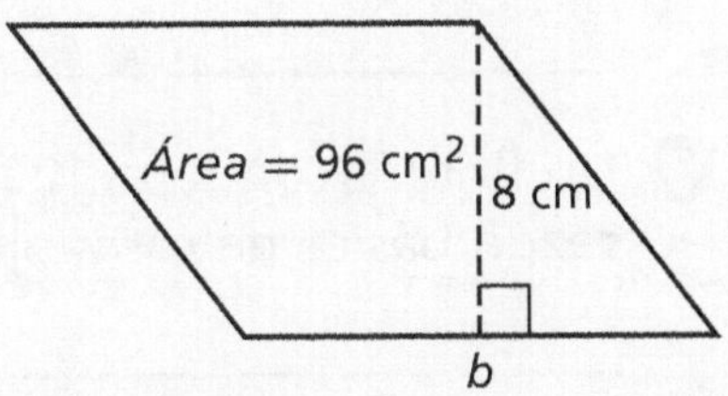

$h =$ ______________ $b =$ ______________ $b =$ ______________

5. Jo diseñó un cantero con forma de paralelogramo. El cantero tiene un área de 475 pulgadas cuadradas y una base de 25 pulgadas. ¿Cuál es la altura del cantero de Jo?

____

Usa el diseño de paisaje para los Ejercicios 6 a 8. Muestra tu trabajo.

6. ¿Cuántos pies cuadrados cubrirá la piedra blanca en el diseño de paisaje?

____

7. Hay un borde de ladrillo de 2 pies, como se muestra alrededor del diseño. ¿Cuántos pies cuadrados cubrirá el ladrillo en el diseño de paisaje?

____

8. ¿Cuál es el perímetro del diseño de paisaje?

____

Diseño de paisaje

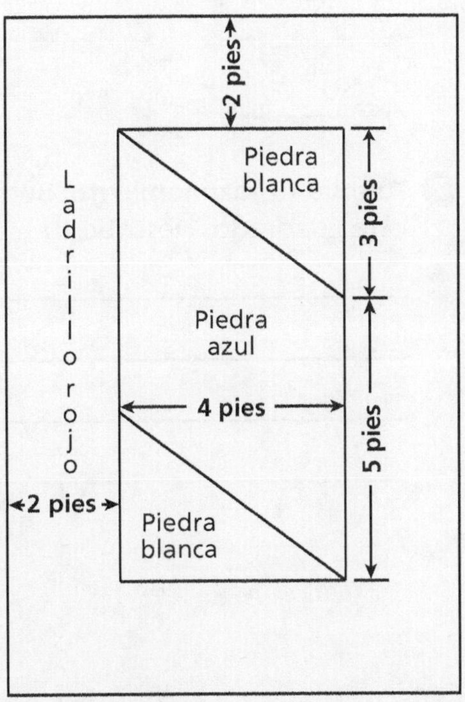

Nombre ______________________ Fecha ______________

Resuelve.

Muestra tu trabajo.

1. Brendan hace una bebida de arándano y naranja y mezcla 15 tazas de jugo de naranja con 10 tazas de juego de arándanos. Si usa 27 tazas de jugo de naranja, ¿cuántas tazas de jugo de arándanos debería usar para que la bebida tenga el mismo sabor?

____

2. ¿Cuál es la razón básica de rojo a blanco para la mezcla de pintura de 14 pintas de pintura roja y 35 pintas de pintura blanca?

____

3. Un florero contiene 10 rosas blancas y 6 rosas rojas. ¿Cuál es la razón básica de rosas blancas a rojas?

____

Encuentra el área de cada triángulo rectángulo.

4. 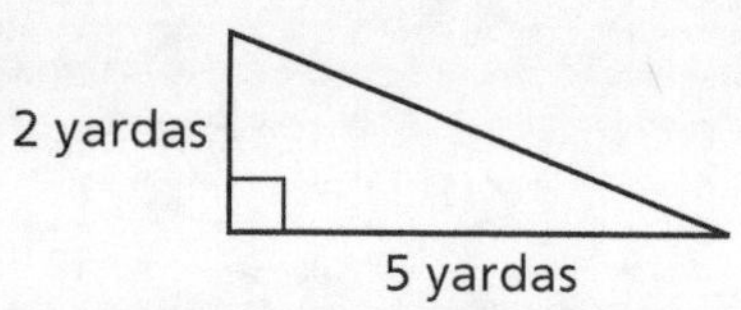

$A =$ ______

5. 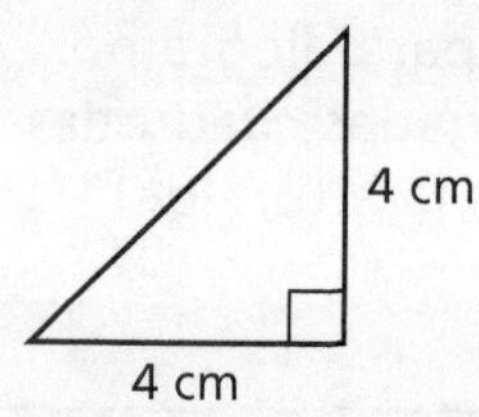

$A =$ ______

6. 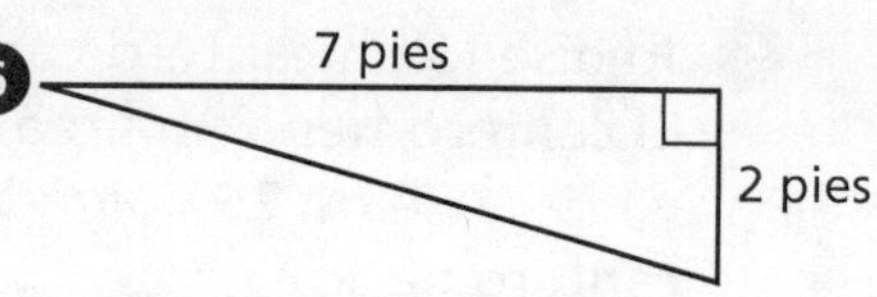

$A =$ ______

7. **Amplía tu razonamiento** Busca el área de la parte sombreada de este cuadrado. Describe tu método.

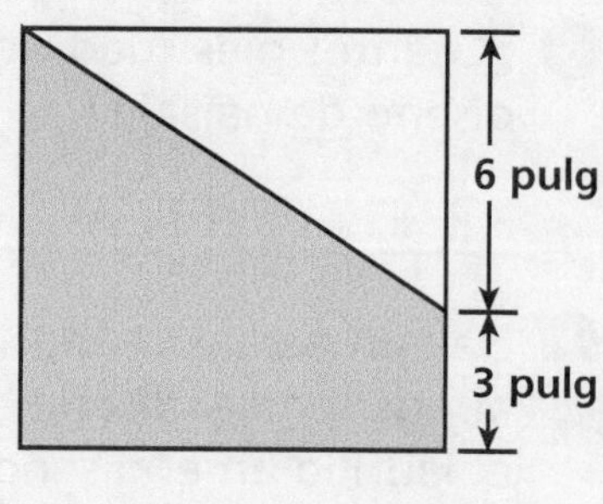

____

____

____

____

2-4
Haz la tarea

Nombre ______________________ **Fecha** __________

Halla el área de cada triángulo.

1. 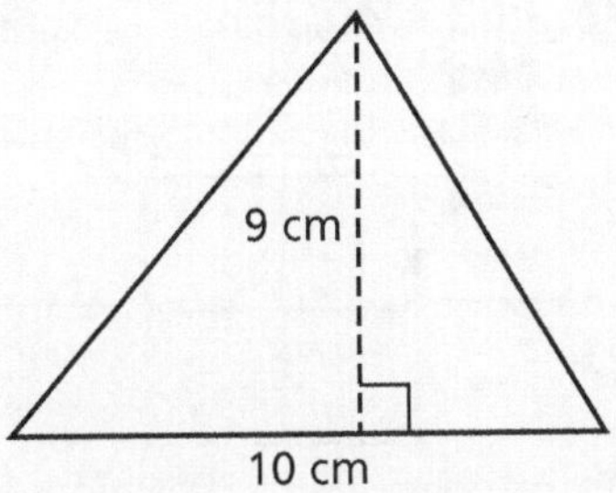

____

2. 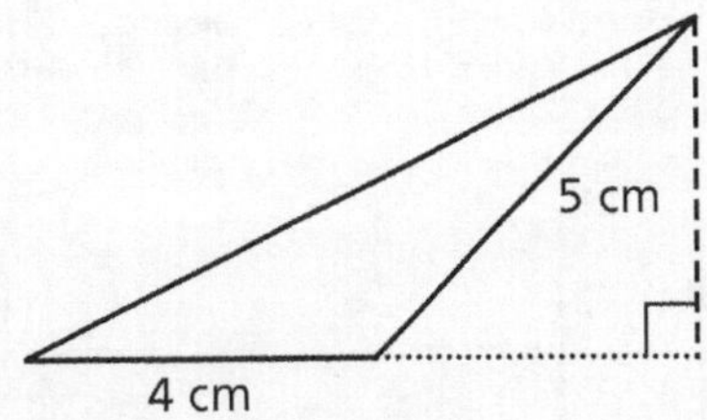

____

3. 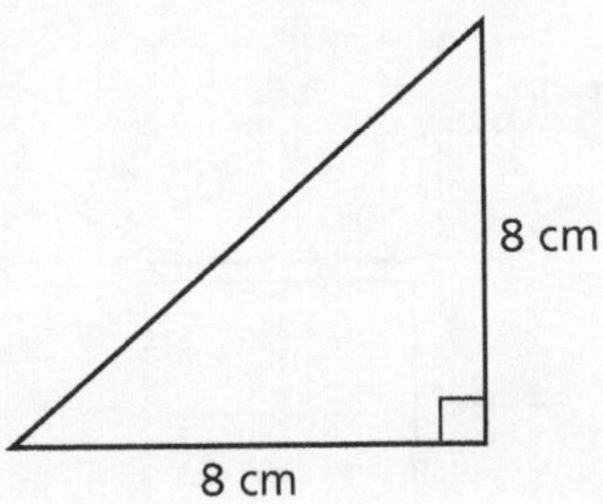

____

4. 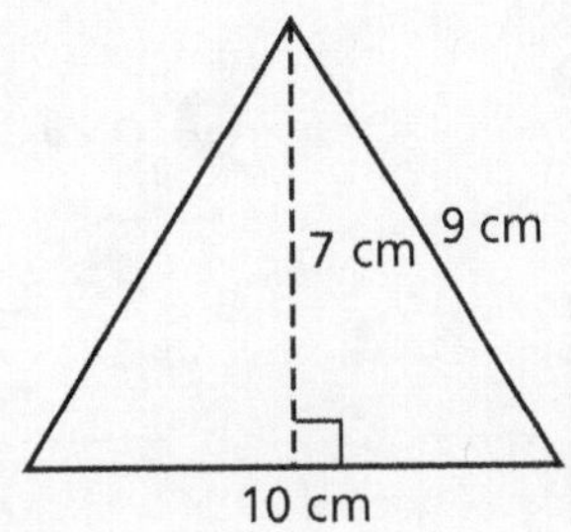

____

5. 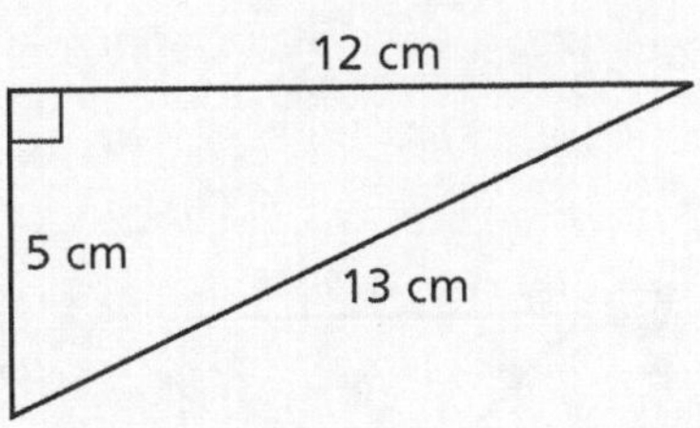

____

6. 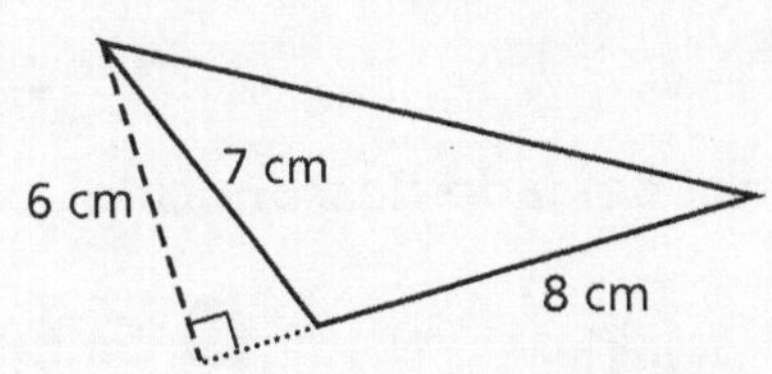

____

7. Un proyecto de arte requiere una pieza de cartón triangular que tenga una base de 10 cm y una altura de 6 cm. ¿Cuál es el área de la cara triangular del cartón?

____

8. Brittany y Will hicieron cada uno un cartel triangular con un área de 8 pies cuadrados. La base del triángulo de Brittany tiene la mitad del largo de la base del de Will. ¿Cómo se comparan las alturas de los triángulos?

____

Nombre ______________________ Fecha __________

Usa un Rompecabezas de factores para resolver cada proporción.

❶ 30:25 :: 42:x

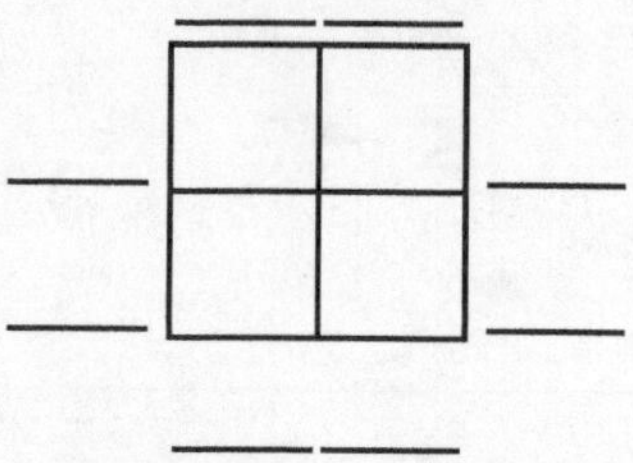

$x =$ ______

❷ 40:24 :: 35:y

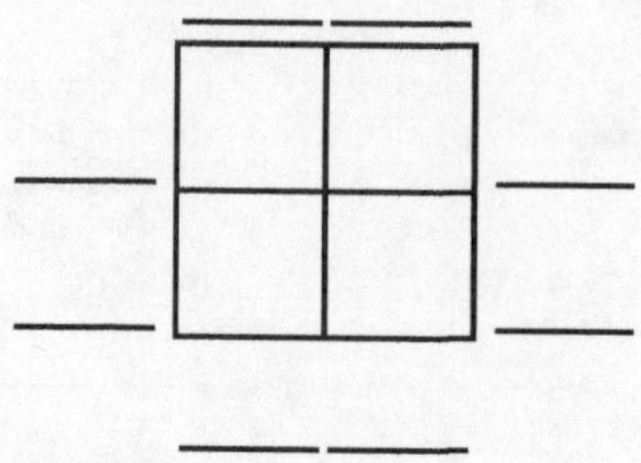

$y =$ ______

❸ z:63 :: 40:35

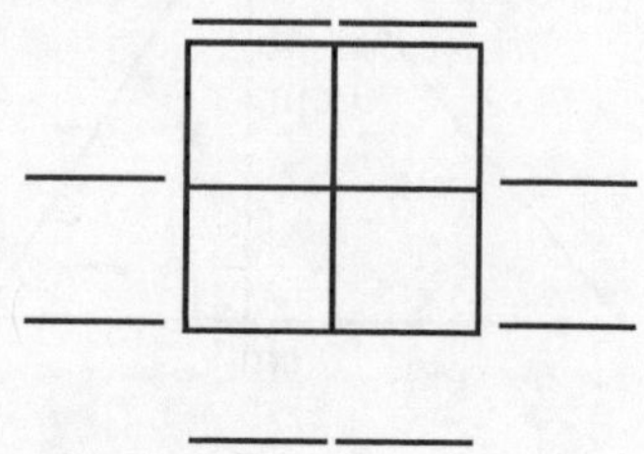

$z =$ ______

❹ 14:21 :: 10:a

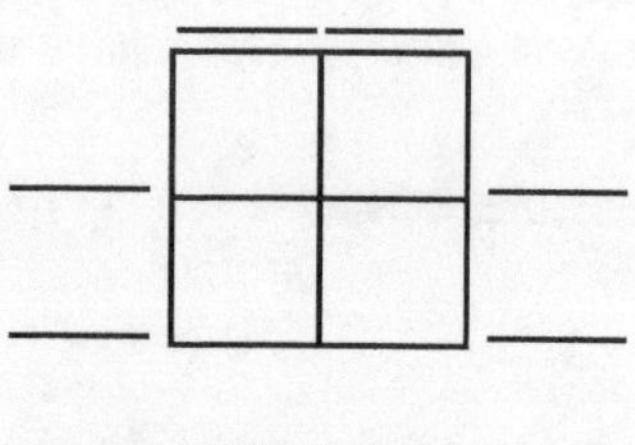

$a =$ ______

❺ b:27 :: 16:72

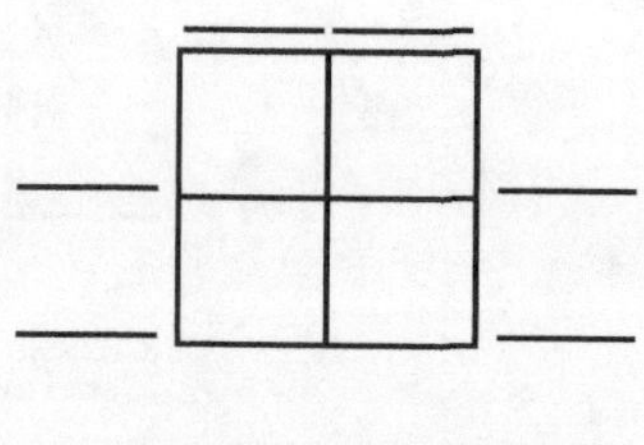

$b =$ ______

❻ 56:35 :: c:15

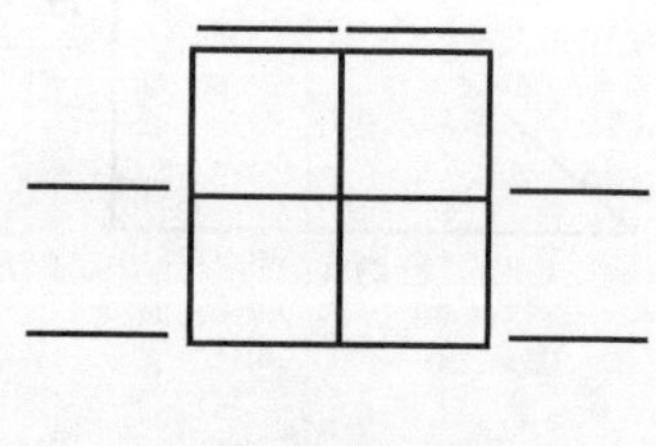

$c =$ ______

Busca la longitud del lado desconocido.

❼

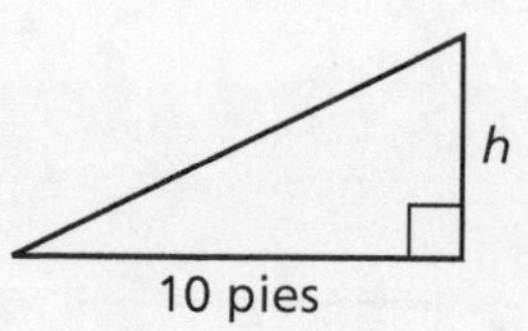

$A = 25$ pies cuadradas

$h =$ ______

❽

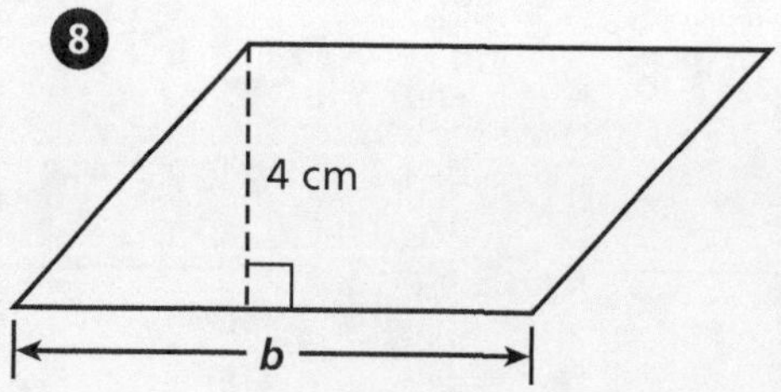

$A = 36\ \text{cm}^2$

$b =$ ______

❾

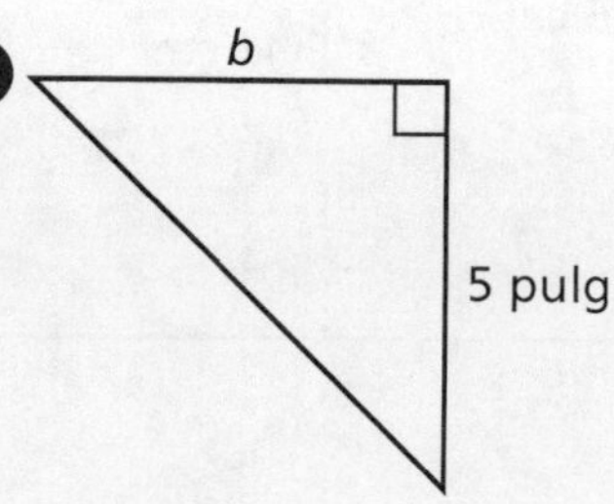

$A = 15$ pulg cuadradas

$b =$ ______

❿ **Amplía tu razonamiento** Busca el área de la parte sombreada de este paralelogramo. Describe tu método.

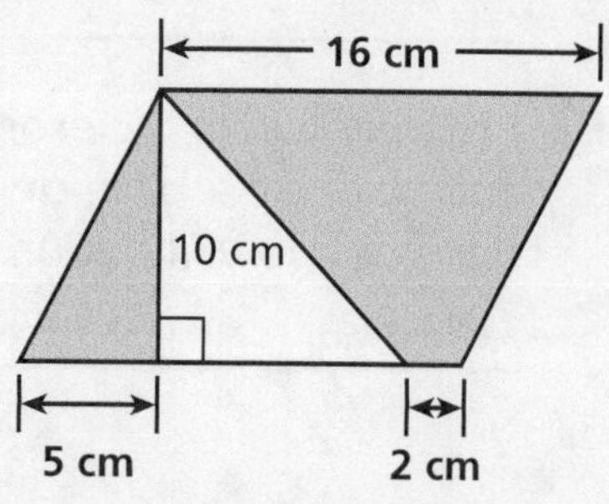

____

____

____

2-5 Haz la tarea

Nombre ______________________ Fecha ______________

Halla el perímetro y el área.

1. 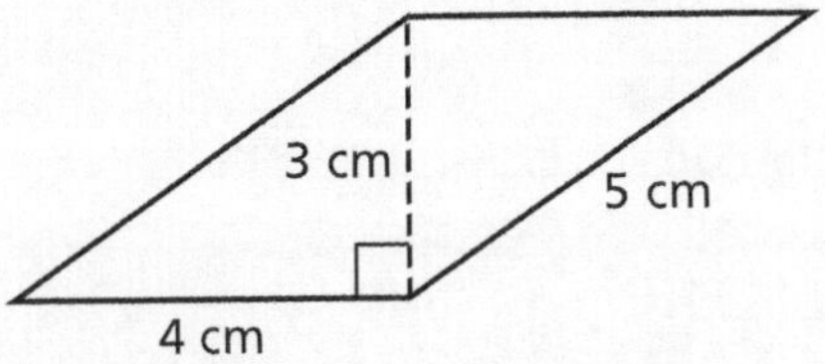

$P =$ ______ $A =$ ______

2. 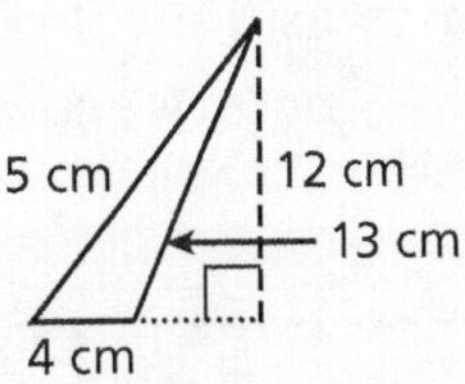

$P =$ ______ $A =$ ______

3. 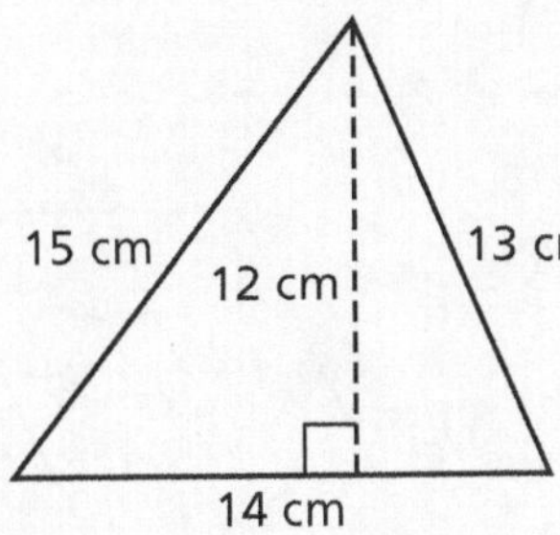

$P =$ ______ $A =$ ______

4. 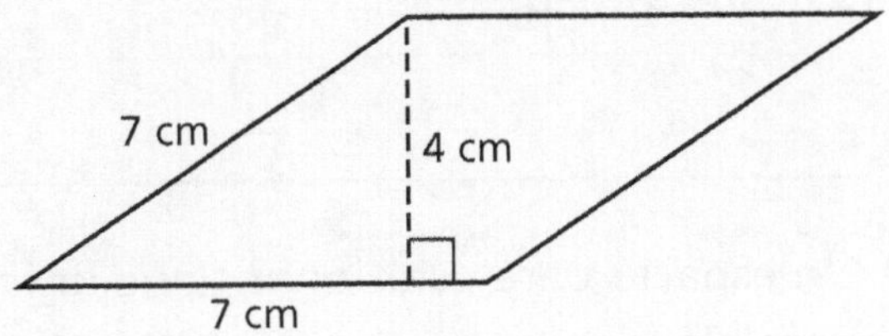

$P =$ ______ $A =$ ______

Elige una base y una altura correspondiente que tengan longitudes que puedas hallar sin usar una regla. Luego halla el área. Cada cuadrado representa 1 cm².

5. 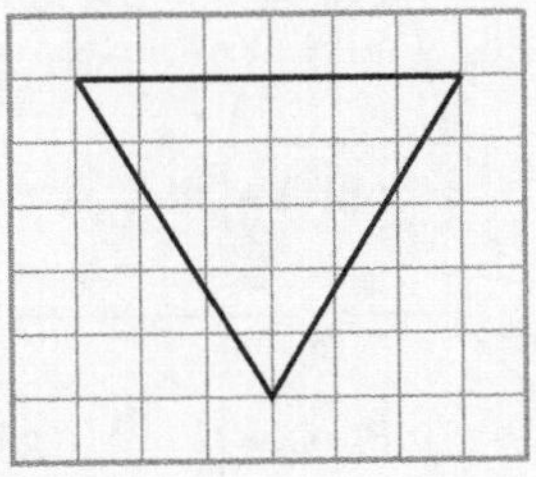

$A =$ ____________

6. 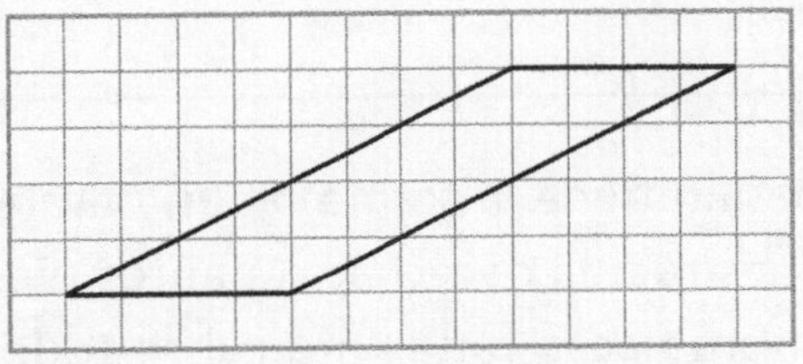

$A =$ ____________

7. Un campo de béisbol tiene un área de 3,600 pies cuadrados. ¿Cuál es la distancia entre cada base? ¿Cuánto tiene que correr un corredor alrededor de las bases cuando hace un jonrón?

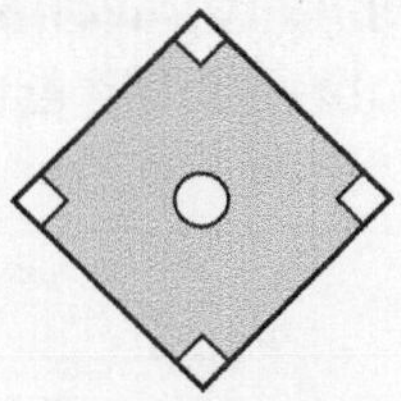

____

8. Una postal con forma de paralelogramo tiene un área de 12 pulgadas cuadradas. ¿Cuáles son las dos longitudes posibles para la base y la altura de la postal?

____

2-5
Recuerda

Nombre ______________________ Fecha ______

Resuelve.

1. Un refugio de mascotas tiene 3 perros por cada 2 gatos. Si el refugio tiene 15 perros, ¿cuántos gatos tiene?

____

2. Diez canicas grandes pesan lo mismo que 14 canicas pequeñas. ¿Cuántas canicas grandes pesan lo mismo que 35 canicas pequeñas?

____

3. Un espacio para estacionar tiene la forma de un paralelogramo como se muestra a la derecha. ¿Cuál es el área del espacio para estacionar?

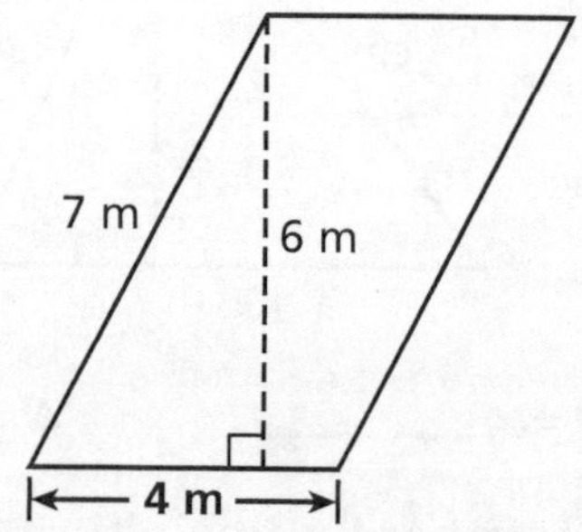

____

4. Kevin tiene una cometa triangular que tiene 3 pies de ancho y un área de 6 pies cuadrados. ¿Cuál es la altura de la cometa?

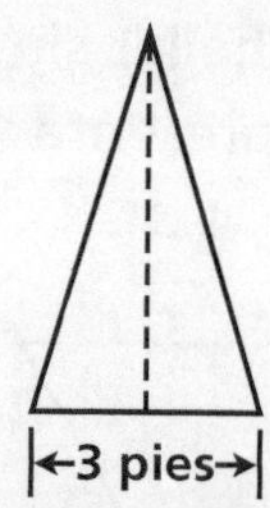

____

5. Un pasillo tiene la forma de un paralelogramo como se muestra a la derecha. ¿Cuántos pies cuadrados de alfombra hacen falta para cubrir todo el suelo del pasillo?

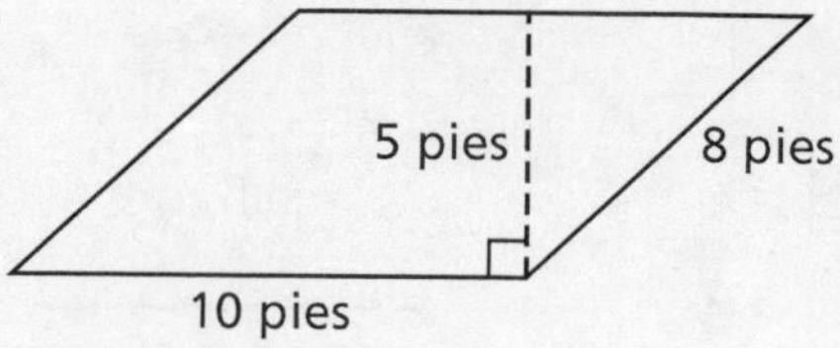

____

6. **Amplía tu razonamiento** Busca el área de la parte sombreada de este rectángulo. Describe tu método.

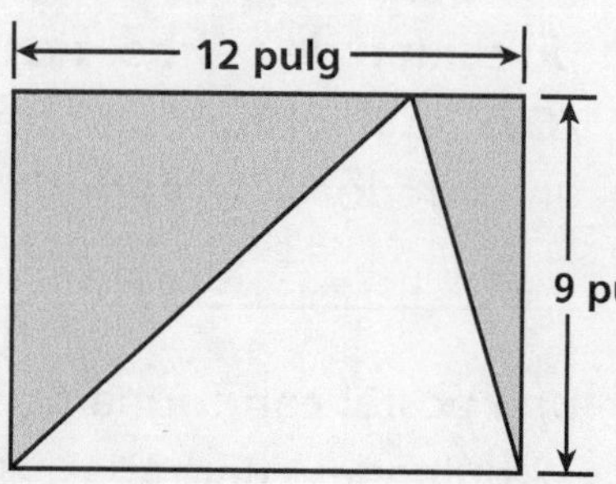

____

____

____

____

2-6
Haz la tarea

Nombre ______________________ Fecha ______________

Halla el área.

1 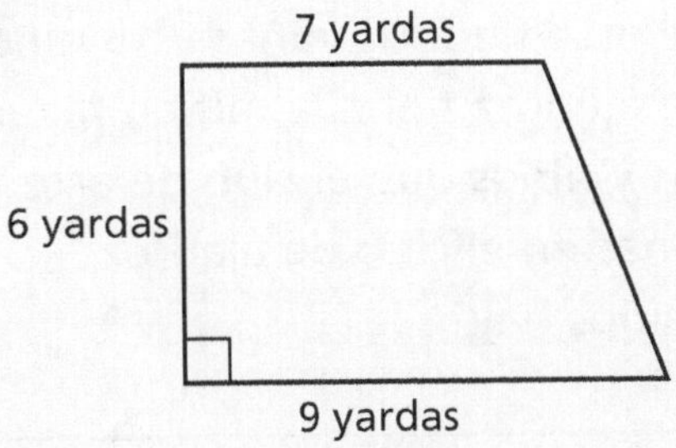

____

2 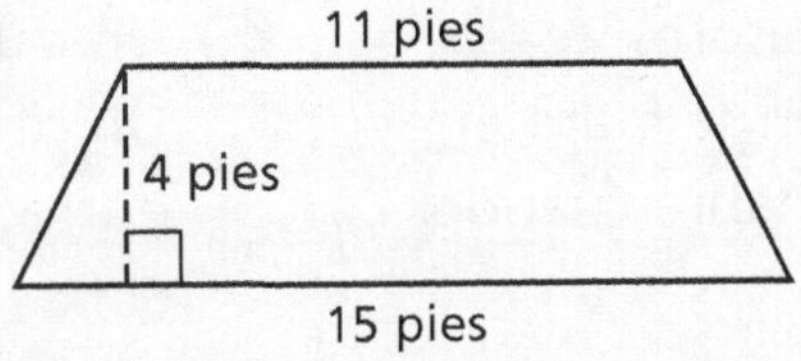

____

3 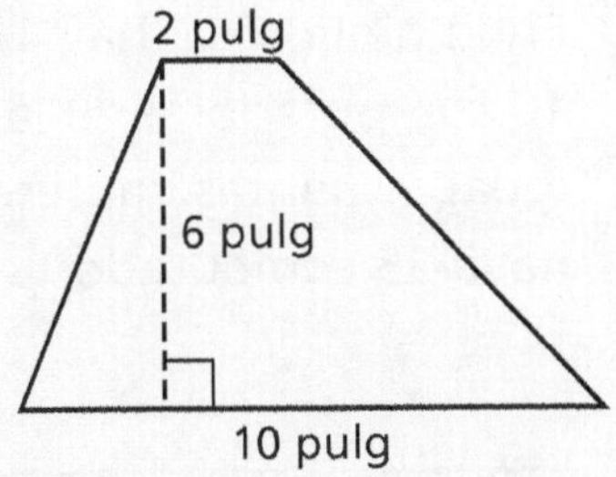

____

4 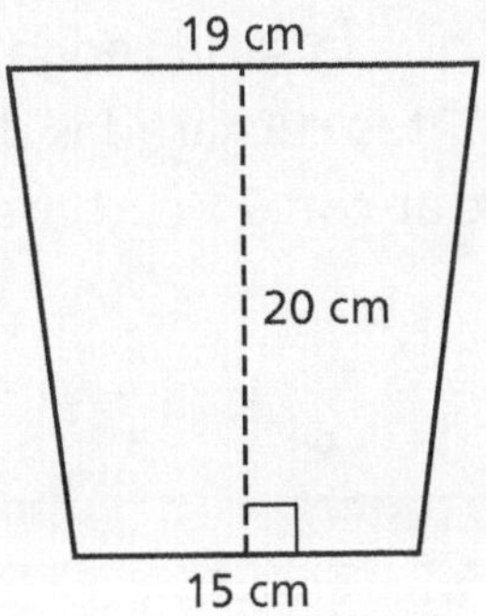

____

5 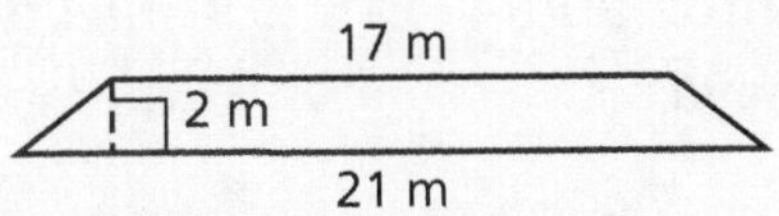

____

6 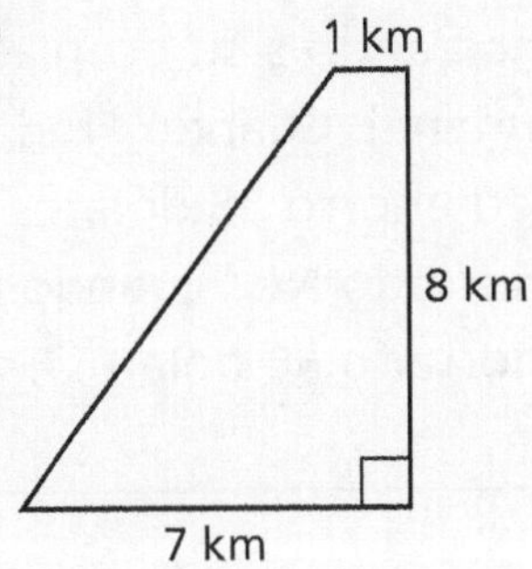

____

7 Un parque infantil tiene la forma de un trapecio isósceles. La base superior tiene 10 pies. La base inferior tiene 42 pies. La altura es de 12 pies. Uno de los lados inclinados tiene 20 pies. ¿Cuál es la distancia alrededor del parque infantil?

____

8 Una parte del techo de la casa tiene la forma de un trapecio isósceles. La base inferior tiene 28 pies de largo. La base superior tiene 6 pies de largo y la altura es de 16 pies. ¿Cuál es el área de esta parte del techo?

____

9 Un mantelito tiene la forma de un trapecio isósceles. Una base del trapecio tiene 17 pulgadas y la otra base tiene 13 pulgadas de largo. La altura es de 12 pulgadas. ¿Cuál es el área del mantelito?

____

2-6
Recuerda

Nombre ____________________ Fecha __________

Resuelve.

1. En la biblioteca, hay 4 impresoras y 10 computadoras. Si la razón se mantiene igual, ¿cuántas impresoras habrá cuando haya 35 computadoras?

   ____

2. Un club de arte tiene 12 niñas y 15 niños. Un club de ajedrez tiene la misma razón entre niñas y niños que el club de arte. Si hay 8 niñas en el club de ajedrez, ¿cuántos niños hay?

   ____

3. Ned y Fred empezaron a ahorrar dinero en la misma semana y ambos siguen ahorrando a su propia tasa constante semanal. Cuando Fred ahorró 28 dólares, Ned ahorró 35 dólares. ¿Cuánto habrá ahorrado Ned cuando Fred haya ahorrado 36 dólares?

   ____

4. Sarah prepara una salsa y mezcla 8 cucharadas de miel con 12 cucharadas de mostaza. Para que la salsa tenga el mismo sabor, ¿cuántas cucharadas de miel debería mezclar con 21 cucharadas de mostaza?

   ____

Busca la longitud del lado desconocido.

5. 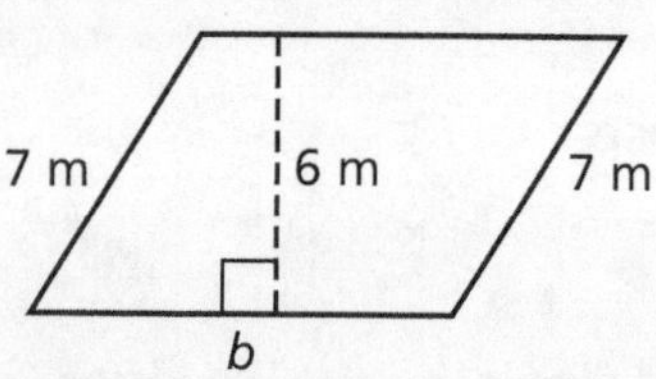

   $A = 54\ m^2$

   $b =$ ______

6. 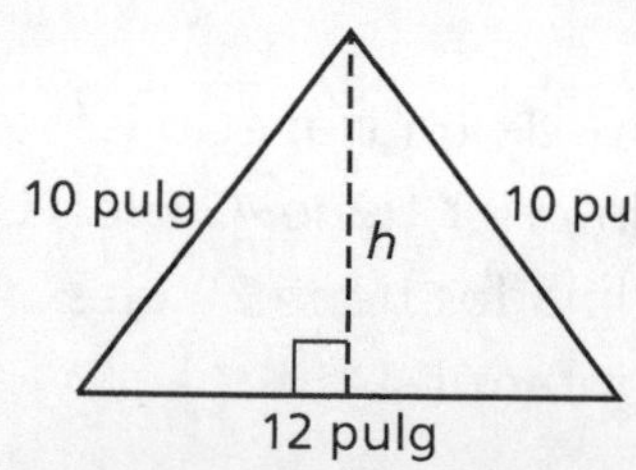

   $A = 48$ pulg cuadradas

   $h =$ ______

7. 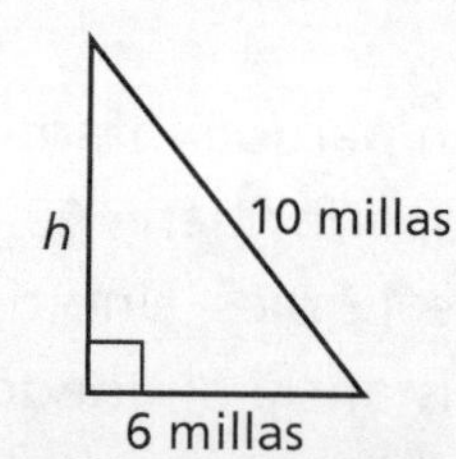

   $P = 24$ millas

   $h =$ ______

8. **Amplía tu razonamiento** Busca el área del rombo blanco. Describe tu método.

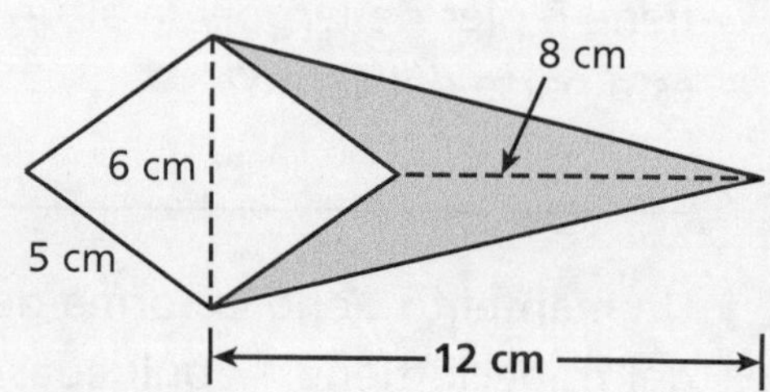

____
____
____
____
____

2-7
Haz la tarea

Nombre ____________________ Fecha ____________

Halla el perímetro y el área.

1

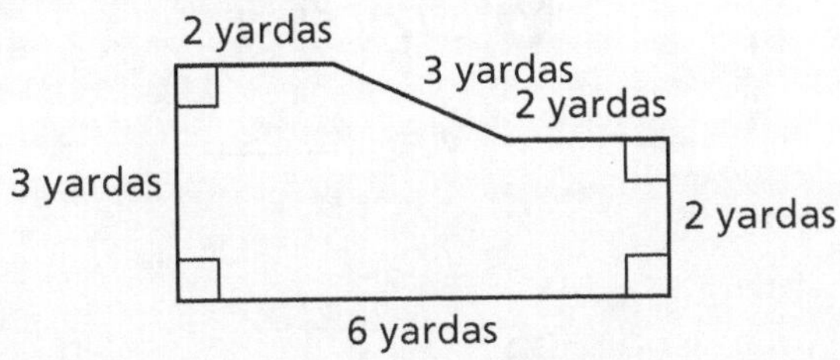

$P =$ ________ $A =$ ________

2

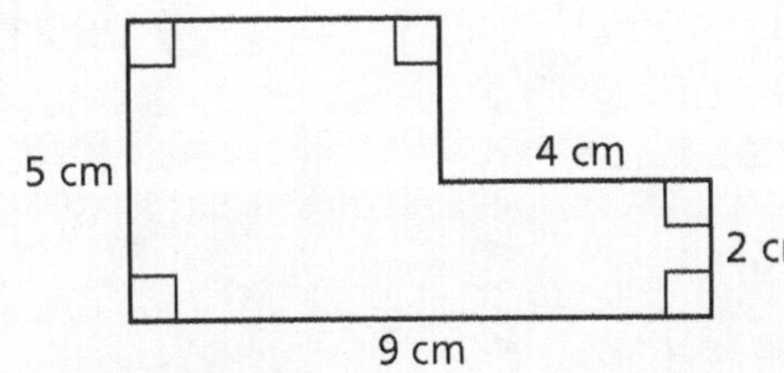

$P =$ ________ $A =$ ________

3

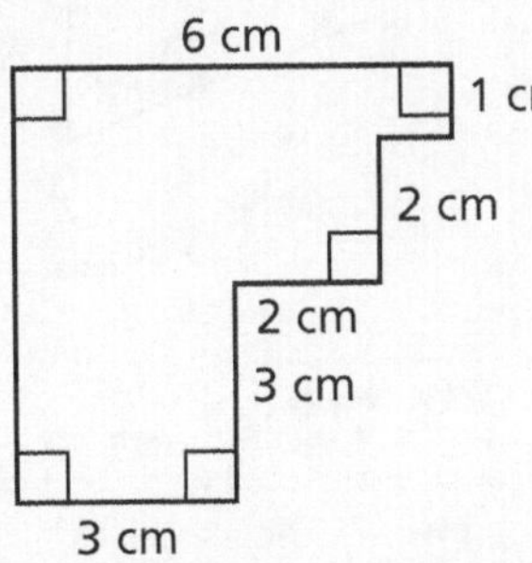

$P =$ ________ $A =$ ________

4

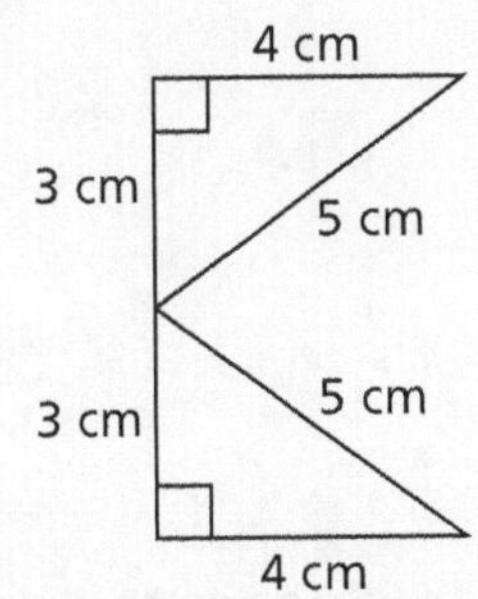

$P =$ ________ $A =$ ________

Halla el área de la parte sombreada.

5

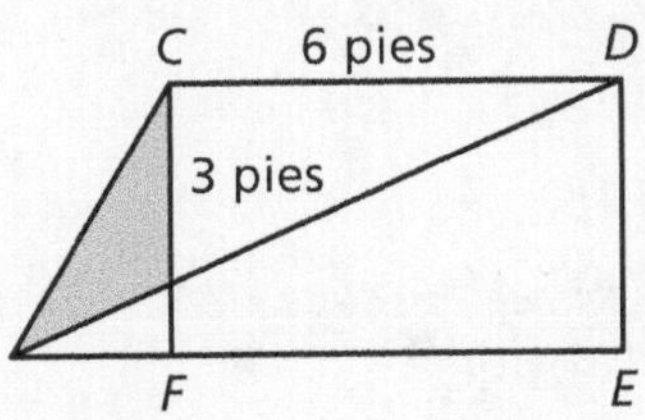

CDEF es un rectángulo con un área de 24 pies cuadrados.

$A =$ ________

6

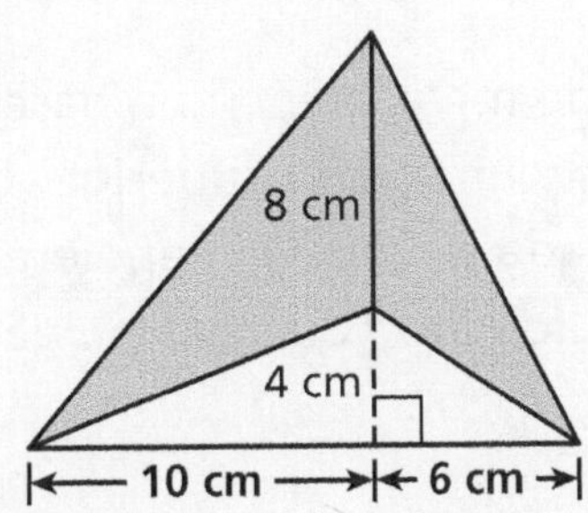

$A =$ ________

Resuelve.

7 Paul está haciendo una pajarera con las medidas que se muestran en el dibujo a la derecha. ¿Cuál es el área del reverso de la pajarera?

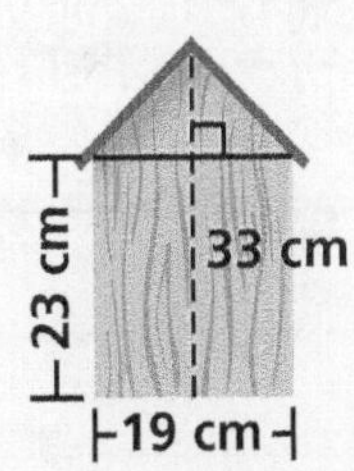

____

8 ¿Cuánto metal se necesitará para hacer 4 letreros como el que está a la derecha?

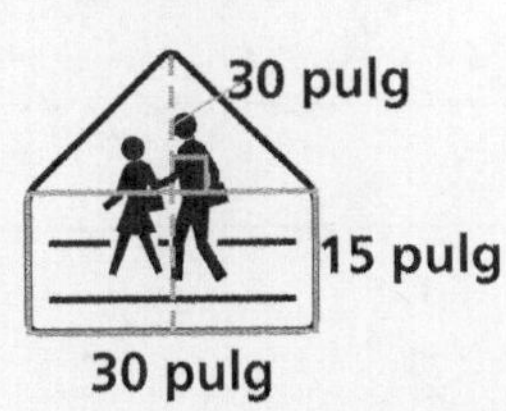

____

2-7
Recuerda

Nombre ______________________ Fecha ______________

Resuelve cada proporción.

1. 45:63 :: 10:a — a = ________

2. 28:21 :: 20:b — b = ________

3. c:72 :: 15:45 — c = ________

Busca el área.

4. 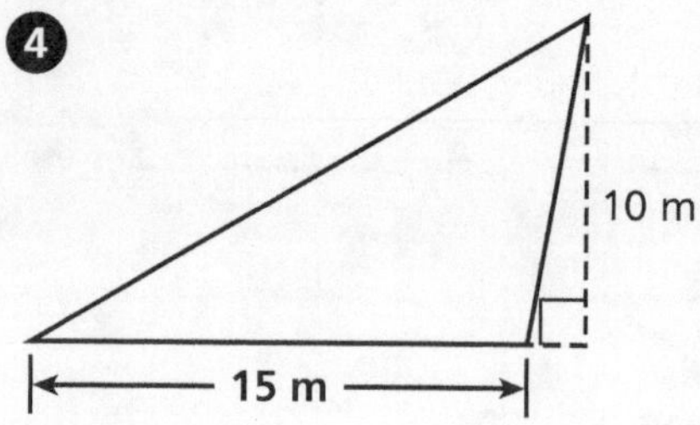

A = ________

5. 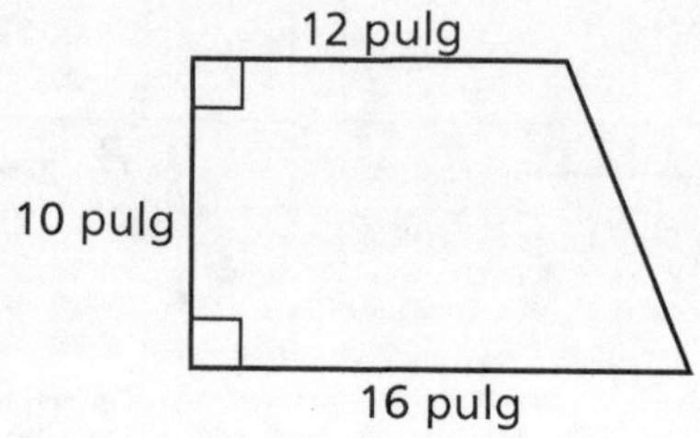

A = ________

6. 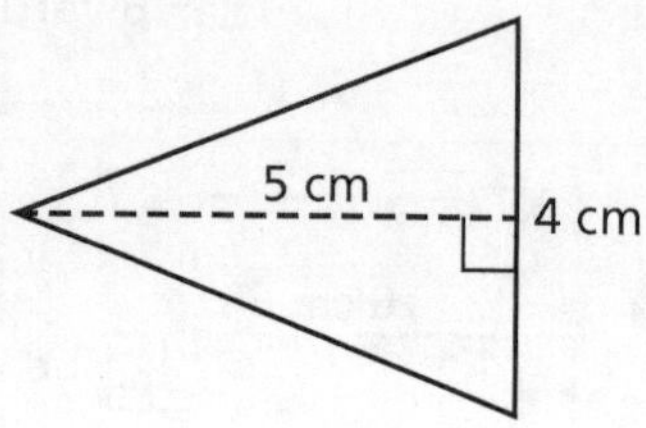

A = ________

Resuelve.

7. Una colcha tiene la forma de un trapecio. El lado paralelo superior mide 4 cm y el lado paralelo inferior mide 8 cm. La altura es de 5 cm. ¿Cuál es el área de la colcha?

____

8. Una papelera de metal tiene una base cuadrada de 6 pulgadas por 6 pulgadas y una parte superior abierta de 10 pulgadas por 10 pulgadas. Cada lado de la papelera es un trapecio con una altura de 12 pulgadas. ¿Cuántas pulgadas cuadradas de metal tiene la papelera?

____

9. **Amplía tu razonamiento** Las medidas proporcionadas están redondeadas al pie más cercano. Usa las medidas para buscar el área aproximada del trapecio. Describe tu método.

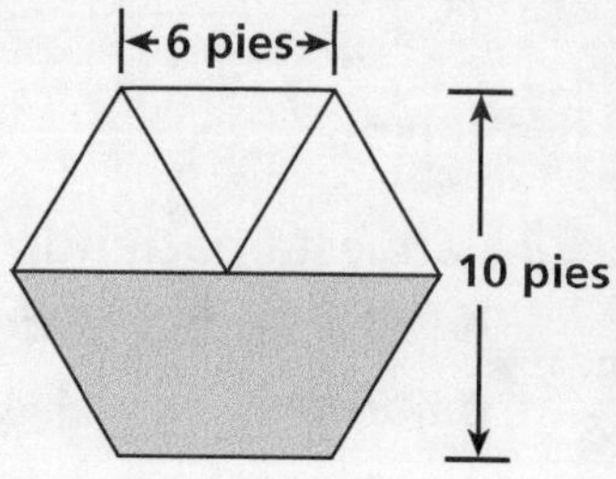

____
____
____
____
____

2-8
Haz la tarea

Nombre ____________________ Fecha ____________

Halla el perímetro y el área.

1

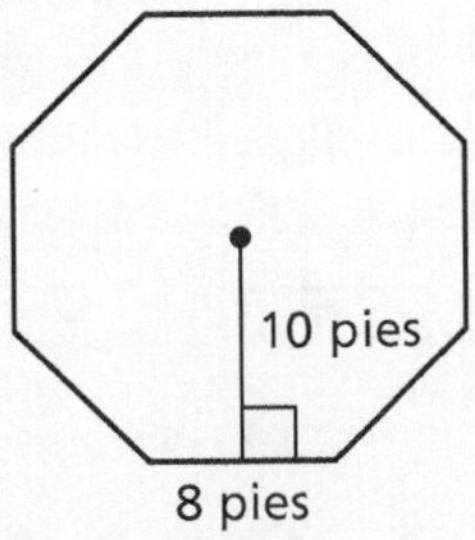

$P =$ ________

$A =$ ________

2

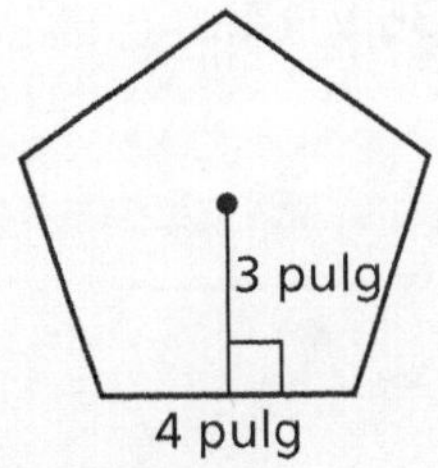

$P =$ ________

$A =$ ________

3

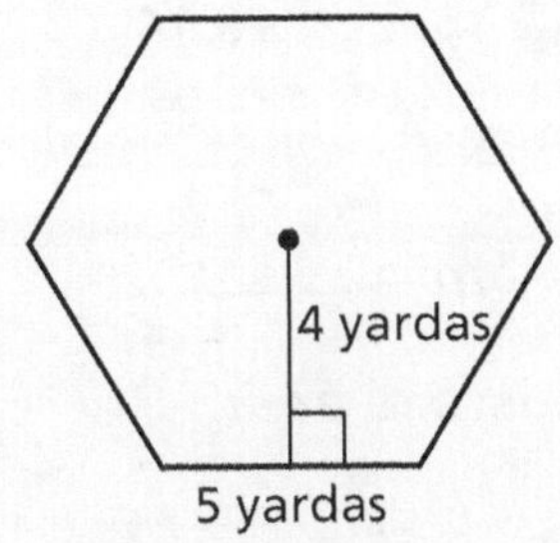

$P =$ ________

$A =$ ________

4

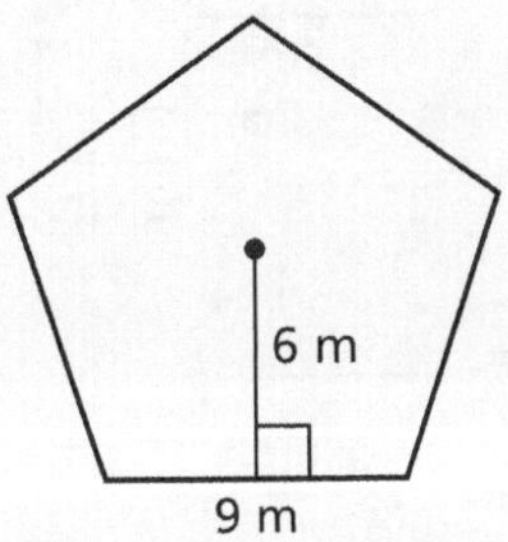

$P =$ ________

$A =$ ________

5

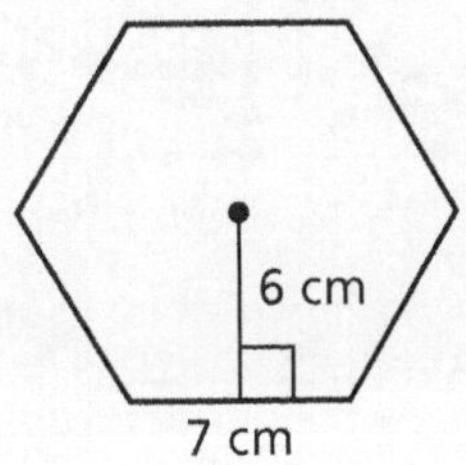

$P =$ ________

$A =$ ________

6

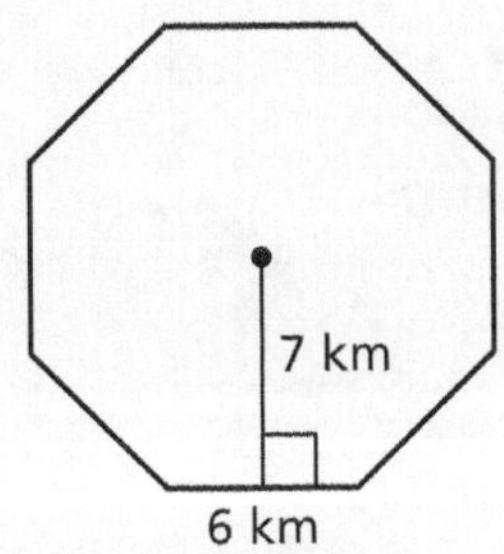

$P =$ ________

$A =$ ________

Resuelve.

7 Talia hizo un patrón para una agarradera que es un polígono regular de 12 lados. El perímetro del patrón de la agarradera mide 36 pulg. La distancia hacia el centro es de 6 pulg a la pulgada más cercana. ¿Cuál es el área de la agarradera a la pulgada cuadrada más cercana?

____

8 Se indica el número de una casa en una placa con la figura de un polígono regular de 7 lados. El área de la placa es de 70 pulgadas cuadradas. La distancia perpendicular de un lado al centro es de 5 pulg a la pulgada más cercana. ¿Cuál es el perímetro de la placa?

____

Nombre ____________ Fecha ____________

Resuelve cada proporción.

1. m:63 :: 16:14

   m = ______

2. 8:36 :: 14:d

   d = ______

3. n:40 :: 21:56

   n = ______

Busca el área.

4. 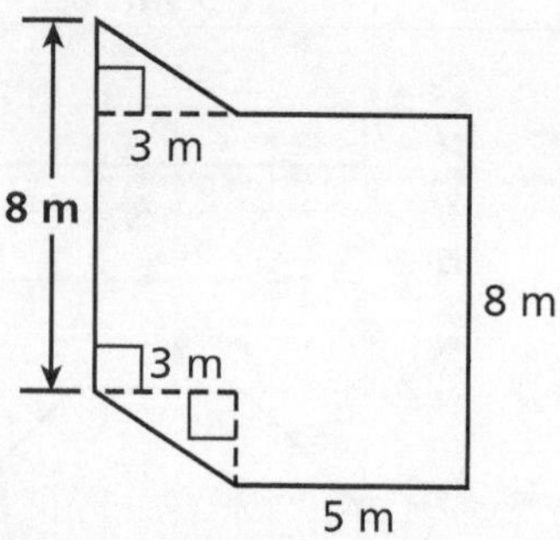

   A = ______

5. 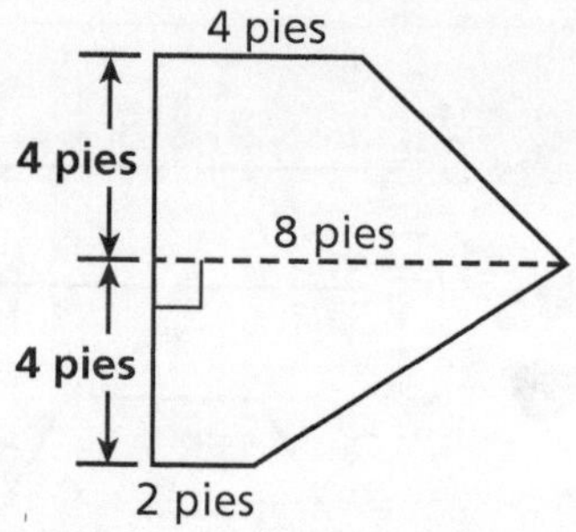

   A = ______

6. 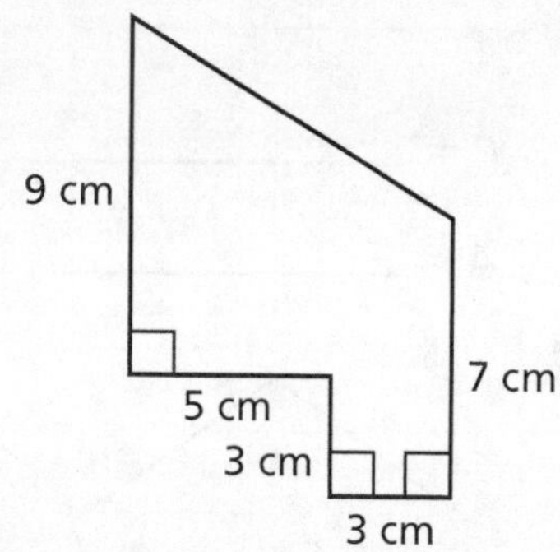

   A = ______

Resuelve.

7. Alexandra quiere alfombrar su habitación. El plano de planta de la habitación se muestra a la derecha. ¿Cuántos pies cuadrados de alfombra hacen falta para cubrir el suelo de la habitación, incluido el armario?

   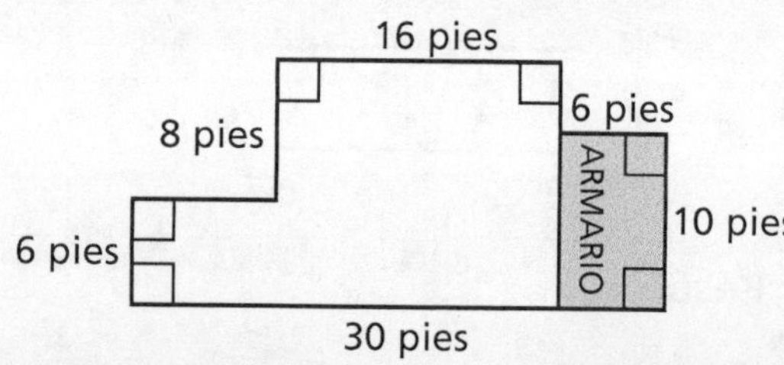

   ____

8. **Amplía tu razonamiento** Busca el área de la parte sombreada de la figura. Describe tu método.

   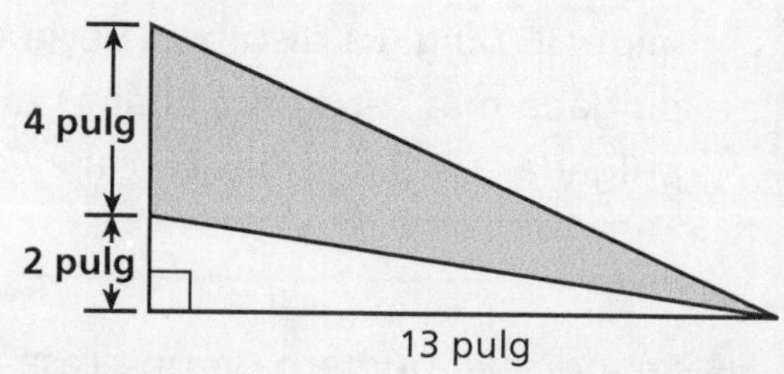

   ____

   ____

   ____

   ____

2-9

Haz la tarea

Nombre ______________________________ **Fecha** ______________

1 Traza estos puntos en el plano de coordenadas a la derecha: *A* (1, 6), *B* (1, 10). Traza el punto *C* para formar un triángulo rectángulo que tenga una base *BC* que tenga 3 unidades de largo. ¿Qué par ordenado se ubica en el punto *C*?

____

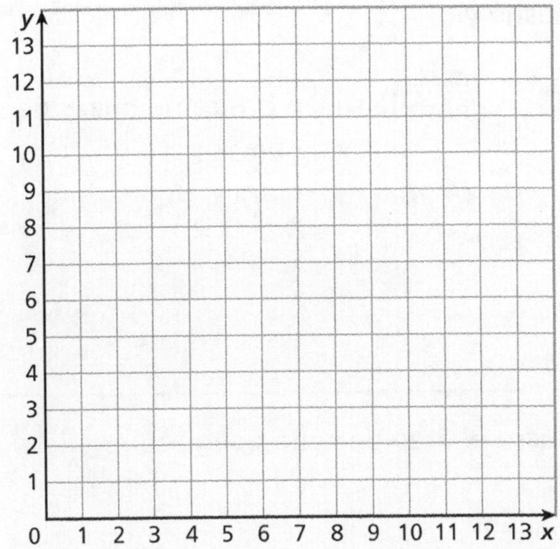

2 Dibuja segmentos de recta para formar el triángulo *ABC*. El segmento *AC* mide 5 unidades. Halla el perímetro y el área del triángulo *ABC*.

P = ____________ *A* = ____________

3 Traza estos pares ordenados: *D* (2, 2), *E* (5, 6), *F* (11, 6). Marca el punto *G* para que el polígono *DEFG* sea un paralelogramo. ¿Qué par ordenado se ubica en el punto *G*?

____

4 Dibuja segmentos de recta para formar el paralelogramo *DEFG*. El segmento *DE* mide 5 unidades. Halla el perímetro y el área del paralelogramo *DEFG*.

P = ____________ *A* = ____________

5 Un constructor está planeando cuántos azulejos azules y blancos se necesitan para cubrir el piso. Cada azulejo tiene 6 pulgadas de alto y 4 de ancho. Los azulejos irán intercalados, uno azul por uno blanco. Cada unidad en la cuadrícula representa una pulgada. La esquina inferior izquierda del primer azulejo azul está en (0, 0). ¿Cuántos azulejos azules habrá en una sección de 24 pulgadas de largo y 24 de ancho? Explica.

____

____

____

____

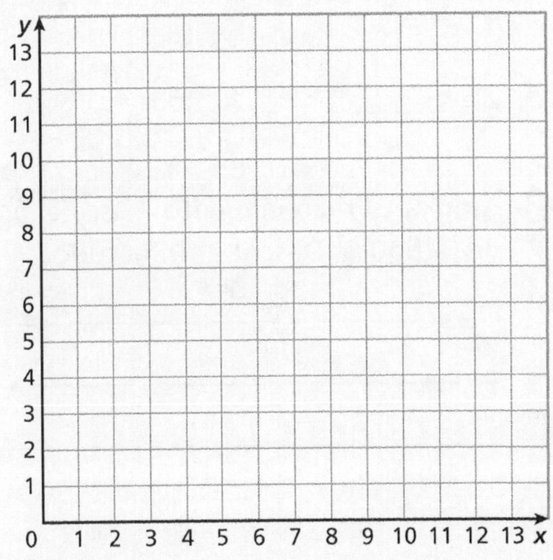

6 Un arqueólogo acordonó un lugar de excavación rectangular que se muestra en la cuadrícula de coordenadas. Los vértices del lugar son (2, 5), (2, 11), (12, 11), y (12, 5). Si las unidades están en metros, ¿cuál es el área del lugar?

A = ______________________________

2-9
Recuerda

Nombre ______________________ Fecha ____________

Resuelve.

1. ¿Cuál es la razón básica de onzas de maní y onzas de pasas para una mezcla de 24 onzas de maní y 16 onzas de pasas?

____

2. La razón básica de azul y rojo para la pintura morada favorita de Ben es 4:7. ¿Cuántos cuartos de galón de pintura azul se deberían mezclar con 21 cuartos de galón de pintura roja para obtener el morado correcto?

____

Busca el área de cada polígono regular.

3. 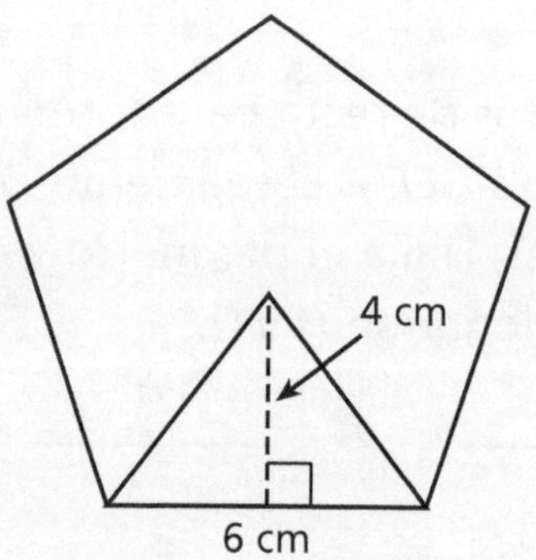

$A =$ _______

4. 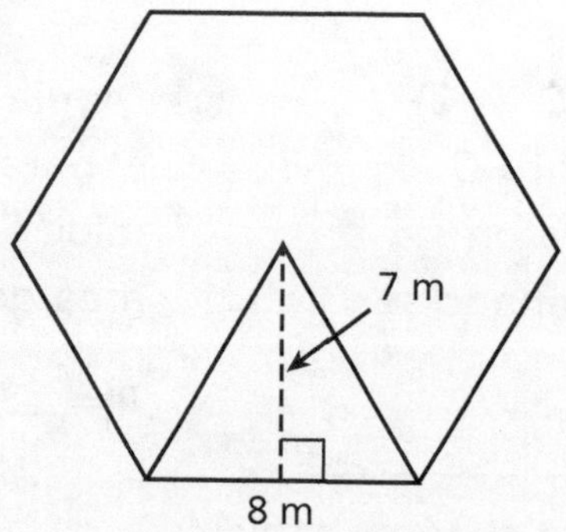

$A =$ _______

5. 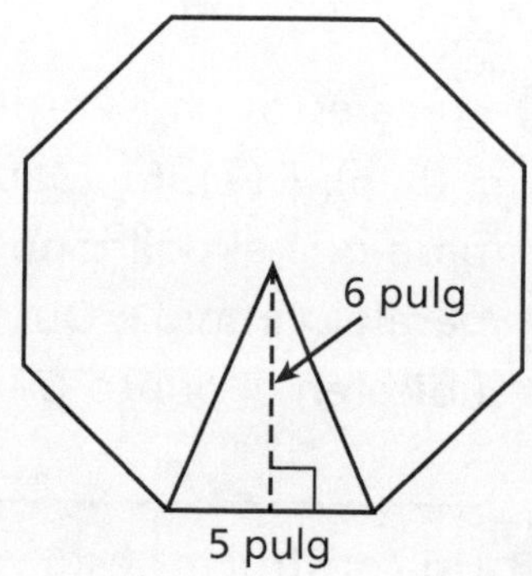

$A =$ _______

6. **Amplía tu razonamiento** Busca el área de la parte sombreada de la figura. Describe tu método.

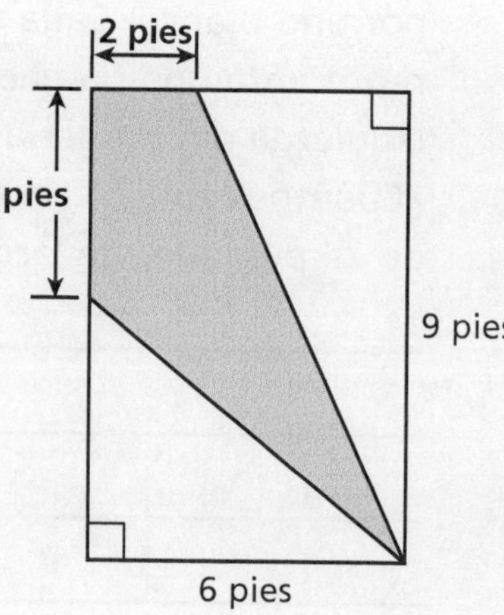

____

____

____

2-10
Haz la tarea

Nombre ______________________ Fecha ______________

Todas las figuras en el teselado a continuación son figuras regulares. Usa un patrón para colorear este teselado.

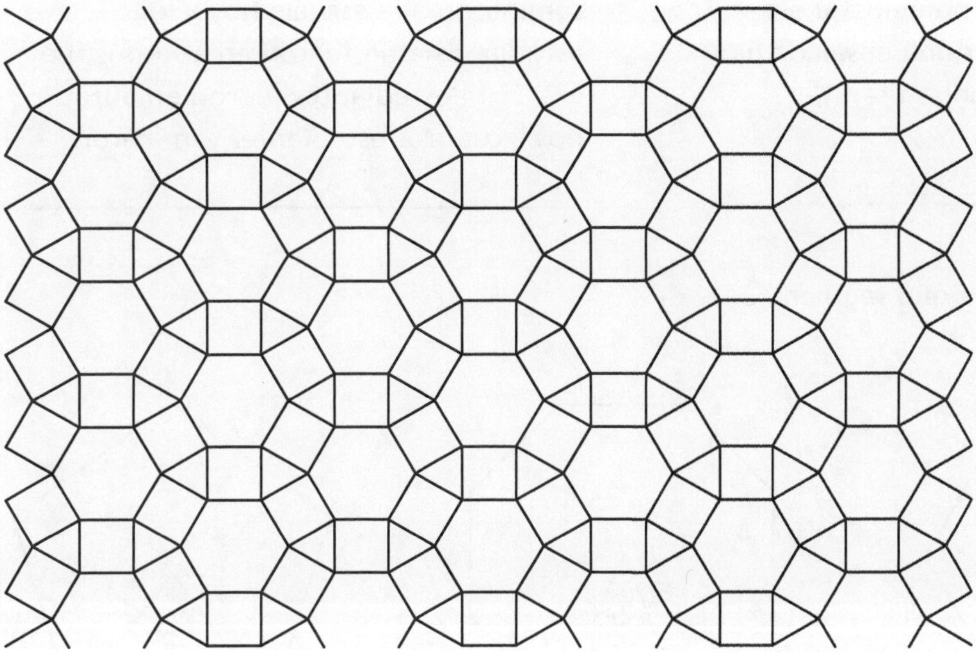

1. Describe el patrón que usaste para colorear el teselado.

____

____

2. ¿Hay un eje de simetría en tu teselado coloreado? ¿Es decir, puedes hallar una línea por la que se puede doblar para que todas las formas coincidan exactamente? ¿Coinciden los colores cuando doblas el teselado en esa línea?

____

____

3. Elige un color en tu teselado. Calcula en cm^2 el área que cubre ese color.

____

Nombre ______________________ Fecha ______________

Resuelve.

1. Jane hace una ensalada con cítricos. Usa 3 naranjas por cada 2 pomelos. Si usa 12 pomelos para hacer una ensalada muy grande, ¿cuántas naranjas usará?

____

2. La razón entre estudiantes que caminaron a la escuela hoy y los estudiantes que fueron en autobús fue 5:7. Si 14 estudiantes fueron en autobús hoy, ¿cuántos estudiantes caminaron?

____

Busca el área de cada polígono regular.

3. 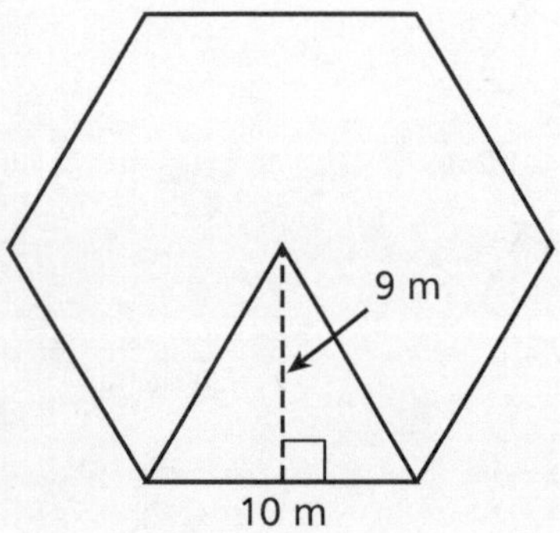

$A =$ __________

4. 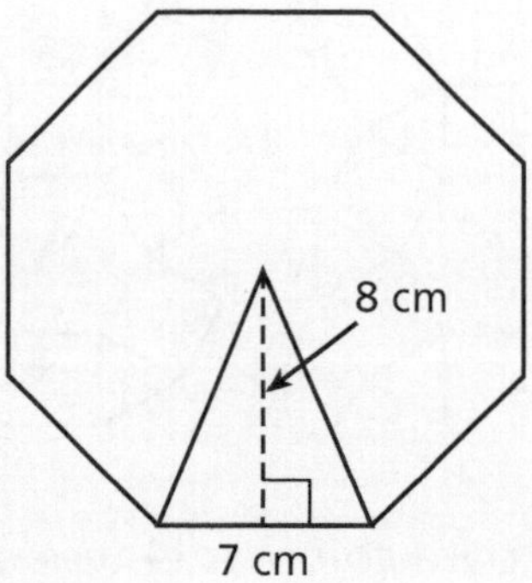

$A =$ __________

5. 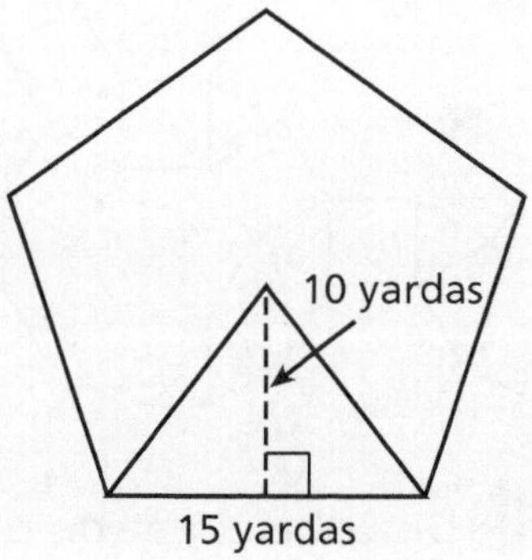

$A =$ __________

6. **Amplía tu razonamiento** Busca el área de la parte sombreada de la figura. Describe tu método.

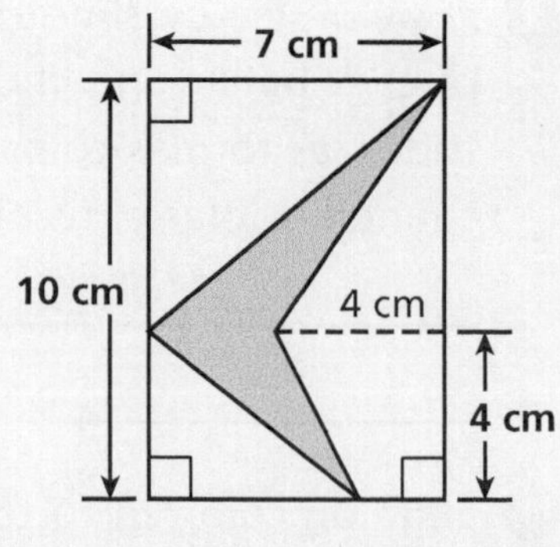

____

____

____

____

____

3-1
Haz la tarea

Nombre ____________________ Fecha ____________

Divide. Expresa tu respuesta como un cociente con un residuo.

1. $9\overline{)372}$
2. $32\overline{)2,190}$
3. $8\overline{)582}$
4. $59\overline{)2,361}$
5. $23\overline{)1,577}$
6. $47\overline{)4,003}$
7. $84\overline{)9,415}$
8. $19\overline{)1,062}$

Resuelve.

Muestra tu trabajo.

9. Una empresa gastó $2,415 en pasajes de avión para 7 empleados. Todos los pasajes costaron la misma cantidad. ¿Cuánto costó cada pasaje?

____

10. Un teatro tiene asientos para 496 personas. Si las entradas a las 8 funciones de una obra se agotan, ¿cuántas personas verán la obra?

____

11. La banda musical recaudó $2,499 de un sorteo y una venta de galletas. Cada uno de los 48 miembros de la banda recibirá una parte igual del dinero para comprar un nuevo uniforme. ¿Cuánto dinero recibirá cada miembro de la banda? ¿Cuántos centavos sobrarán?

____

3-1
Recuerda

Nombre ______________________________ Fecha ______________

❶ Damond está comprando paquetes de cartulina. En cada paquete, hay 6 hojas blancas y 18 hojas de color. ¿Cuántas hojas de color compra si compra 14 hojas blancas?

____

❷ Julia está haciendo un collar que tiene 8 cuentas rojas por cada 12 cuentas azules. ¿Cuántas cuentas rojas usará si usa 27 cuentas azules?

____

Halla el perímetro y el área de cada figura.

❸ 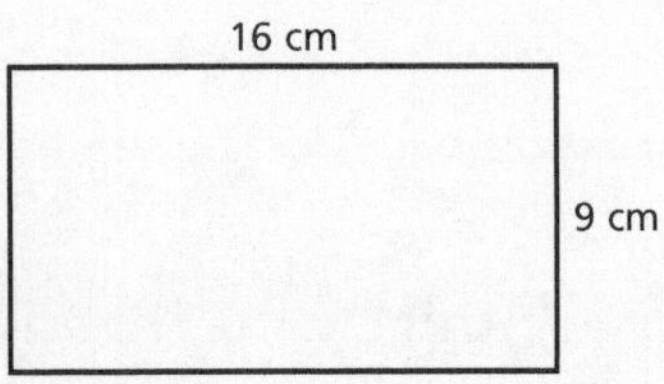

$P =$ __________

$A =$ __________

❹ 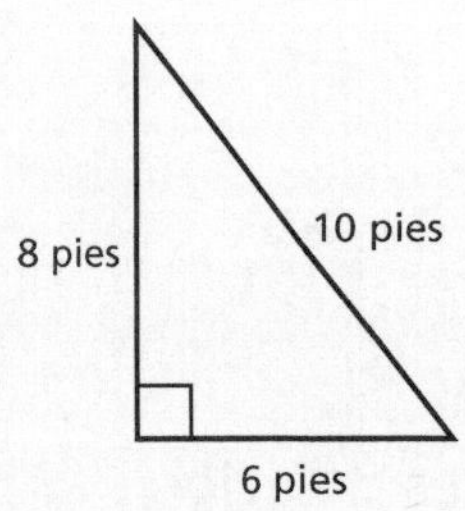

$P =$ __________

$A =$ __________

❺ 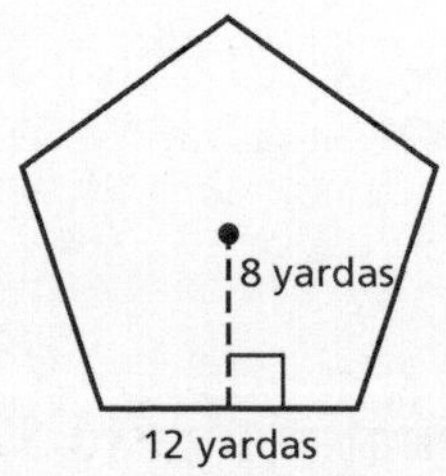

$P =$ __________

$A =$ __________

❻ Marylin está cortando un cartel triangular de fieltro. El cartel tiene una altura de 4 pies y una base de 3 pies. ¿Cuánto fieltro necesita Marylin para el cartel?

____

❼ **Amplía tu razonamiento** Natalia y sus amigas recaudaron dinero para caridad. La cantidad que recaudaron se muestra en la tabla. Juntaron su dinero y lo dividieron en partes iguales entre cuatro organizaciones benéficas. ¿Cuánto dinero le dieron a cada organización?

Amigo	Cantidad recaudada
Natalia	$18
Juan	$21
Stephen	$37
Jawan	$43

____

3-2
Haz la tarea

Nombre ______________________ Fecha ______________

Resuelve. *Muestra tu trabajo.*

1. Joshua cobró un cheque por 16.79 dólares. Le pidió al cajero que le diera la mayor cantidad posible de monedas de 25 centavos. ¿Cuántas monedas de 25 centavos recibió?

   ____

2. El árbol más alto del mundo es una secoya en el parque Redwood National. Tiene 379 pies de alto. ¿A cuántas yardas equivale?

   ____

3. Los socorristas de una ciudad pequeña estiman que, en el caso de que se desate un huracán, necesitarán evacuar a 3,250 personas de la ciudad en autobuses. Si caben 48 personas en cada autobús, ¿cuántos autobuses necesitarán?

   ____

4. El martes, una empresa embotelló 4,775 botellas de agua y las empaquetó en la mayor cantidad posible de paquetes de 6 botellas. ¿Cuántas botellas sobran?

   ____

5. Una empresa de jardinería compró 732 kilogramos de abono. Si compraron 40 bolsas de abono en total, ¿cuál es la masa de cada bolsa?

   ____

Divide. Expresa tu respuesta al centavo más cercano.

6. $36\overline{)\$117}$

7. $85\overline{)\$380}$

8. $62\overline{)\$729}$

9. $18\overline{)\$402}$

3-2
Recuerda

Nombre ______________________ **Fecha** ______________

1. Michelle está mezclando pintura. Mezcla 5 tazas de rojo por cada 3 tazas de azul para hacer morado. ¿Cuántas tazas de rojo debe usar si usa 15 tazas de azul?

____

2. Por cada 15 minutos que Jason practica el piano, pasa 10 minutos practicando la trompeta. Si Jason practica el piano durante 30 minutos, ¿cuántos minutos pasa practicando la trompeta?

____

Halla el perímetro y el área de cada figura.

3. 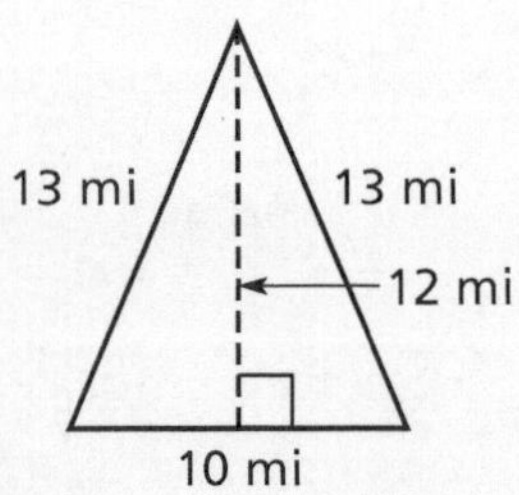

$P =$ __________

$A =$ __________

4. 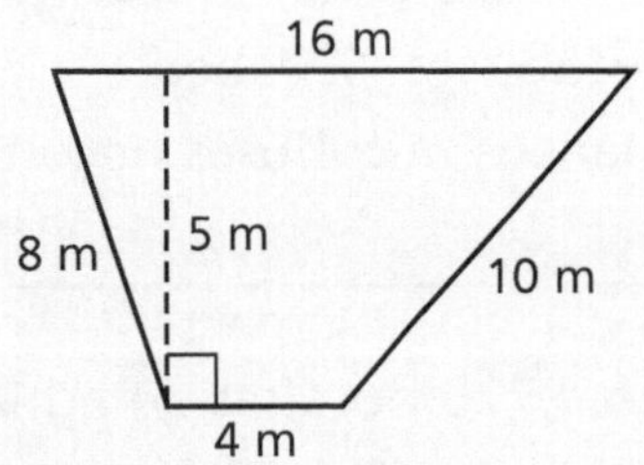

$P =$ __________

$A =$ __________

5. 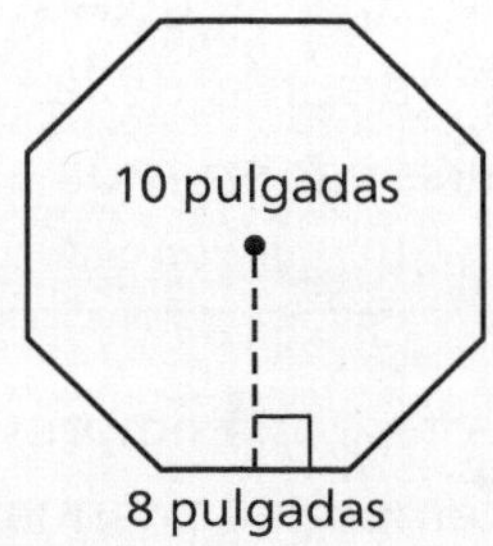

$P =$ __________

$A =$ __________

6. Barry necesita 56 pies cuadrados de abono para cubrir su jardín. El ancho del jardín es de 8 pies. ¿Cuál es la longitud del jardín?

____

7. **Amplía tu razonamiento** Hay 113 niñas y 121 niños en la banda musical. En la rutina que la banda está practicando, todos los músicos deben estar parados en filas iguales. Si la cantidad de filas es de entre 10 y 15, ¿cuántas filas hay? ¿Cuántos músicos hay en cada fila?

____

3-3
Haz la tarea

Nombre ____________________ Fecha ____________

Multiplica.

1. $413 \cdot 0.02$ ________
2. $0.6 \cdot 801$ ________
3. $32.5 \cdot 0.5$ ________
4. $4 \cdot 6.63$ ________

5. 0.12×12
6. 5.9×4.4
7. 6.1×0.19
8. 36×0.07

Usar el hecho de que $28 \cdot 63 = 1{,}764$ para hallar cada producto.

9. $0.28 \cdot 6{,}300$ ________
10. $0.28 \cdot 630$ ________
11. $0.28 \cdot 63$ ________
12. $28 \cdot 6.3$ ________
13. $2.8 \cdot 630$ ________
14. $2.8 \cdot 63$ ________
15. $2.8 \cdot 6.3$ ________
16. $28 \cdot 0.63$ ________

Multiplica.

17. $0.8 \cdot 0.9$ ________
18. $8 \cdot 0.7$ ________
19. $0.5 \cdot 6$ ________
20. $0.12 \cdot 3$ ________

Resuelve

Muestra tu trabajo.

21. Los Neely tienen 87.6 acres de tierra. Los Franco tienen 0.7 veces esa cantidad de tierra. ¿Cuánta tierra tienen los Franco?

____

22. Dante compró seis CD por 13.88 dólares cada uno. ¿Cuánto gastó?

____

Nombre ______________________ Fecha ______________

1 Por cada 6 millas que Juda corre, Hannah corre 11 millas. Si la razón continúa siendo la misma, ¿cuántas millas correrá Juda si Hannah corre 44 millas?

____

2 En el parque infantil de la escuela de Millie, hay un área con viruta de madera con la forma de un trapecio. Las bases del trapecio tienen 12 pies y 18 pies. La altura del trapecio es de 20 pies. ¿Cuánto del parque está cubierto por viruta?

____

Divide. Escribe tu respuesta como un cociente con un residuo.

3 $9\overline{)877}$

4 $78\overline{)8{,}322}$

5 $6\overline{)403}$

6 $16\overline{)1{,}277}$

7 Ned está usando tiras de tela para hacer bufandas. Necesita 28 tiras para cada bufanda. Si tiene 781 tiras de tela, ¿cuántas bufandas puede hacer Ned? ¿Cuántas tiras sobrarán?

____

8 **Amplía tu razonamiento** Nancy y Bruce están escribiendo informes. El informe de Nancy tiene 12 hojas y ha escrito el 0.7 del informe. El informe de Bruce tiene 9 hojas y ha escrito el 0.8 del informe. ¿Quién ha escrito más páginas?

____

Nombre ______________________ Fecha ______________

Divide. Redondea tu respuesta al décimo más cercano.

1. $0.4\overline{)6}$
2. $0.08\overline{)4.2}$
3. $2.4\overline{)40}$
4. $0.5\overline{)0.94}$
5. $0.12\overline{)5.4}$
6. $0.55\overline{)13}$
7. $7.5\overline{)6.5}$
8. $0.24\overline{)8}$

Usa el hecho de que 1,764 ÷ 28 = 63 para averiguar cada cociente.

9. $0.28\overline{)1.764}$
10. $0.28\overline{)176.4}$
11. $0.28\overline{)17.64}$
12. $28\overline{)176.4}$
13. $2.8\overline{)1{,}764}$
14. $2.8\overline{)176.4}$
15. $2.8\overline{)17.64}$
16. $28\overline{)17.64}$

Divide. Asegúrate de tener en cuenta cuál número es el divisor.

17. $1.8 \div 0.09$ ________
18. $21 \div 0.7$ ________
19. $3.2 \div 0.8$ ________
20. $0.12 \div 0.04$ ________

Resuelve.

Muestra tu trabajo.

21. Ronit está comprando cajas de almacenamiento para sus CD. Tiene 456 CD. Cada caja contiene 36 CD. ¿Cuántas cajas necesitará?

____

22. La mamá de Raúl lo envía al mercado de productores con 12 dólares. Le dice que compre la mayor cantidad de aguacate que sea posible y que le traiga el cambio. Si los aguacates cuestan 85¢ cada uno, ¿cuánto cambio traerá de vuelta?

____

Nombre ______________________ Fecha ______________

1 John y Karen están ahorrando dinero cada uno a su propia razón constante. Cuando John ha ahorrado 15 dólares, Karen ha ahorrado 18 dólares. ¿Cuánto habrá ahorrado Karen cuando John haya ahorrado 45 dólares?

____

Halla el área.

2 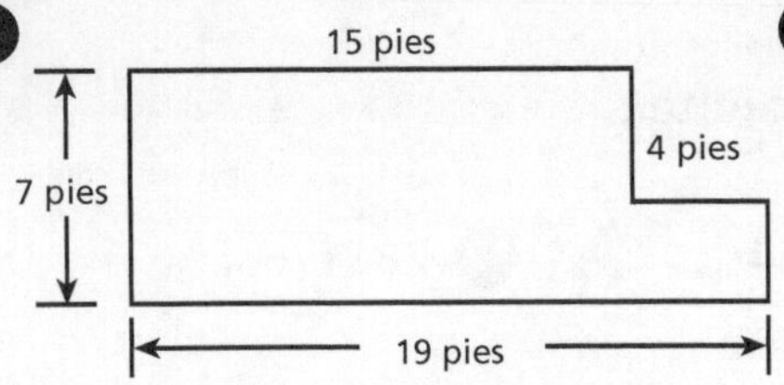

$A =$ ______

3 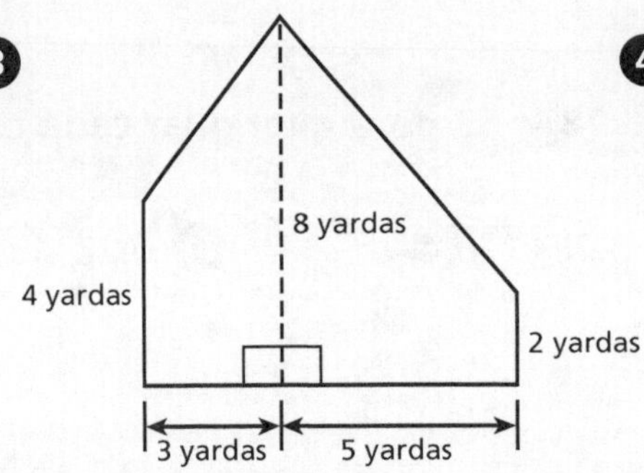

$A =$ ______

4 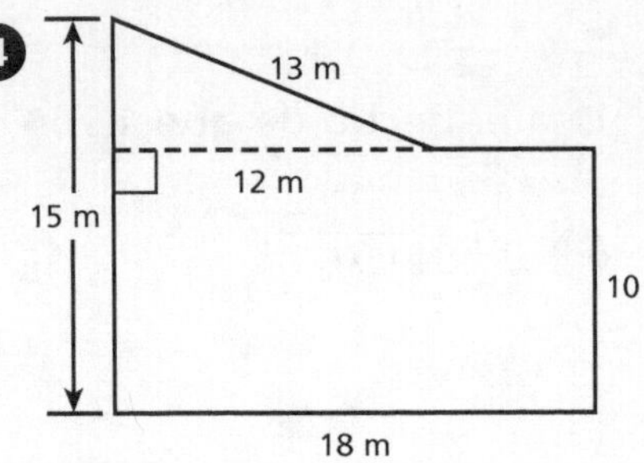

$A =$ ______

5 Marissa está de viaje. Conduce 1,542 millas en 3 días. Conduce la misma cantidad de millas cada día. ¿Cuántas millas conduce Marissa por día?

____

6 Joanna puede colocar 24 libros en un contenedor. Tiene 266 libros. ¿Cuántos contenedores necesita para todos los libros?

____

Usa el hecho de que 45 × 39 = 1,755 para hallar cada producto.

7 0.45 • 39 ______

8 4.5 • 0.39 ______

9 4.5 • 3.9 ______

10 0.45 • 0.39 ______

11 **Amplía tu razonamiento** Las botellas de agua están en oferta en dos tiendas. La tienda Food Mart vende 12 botellas por 3.66 dólares. La tienda Shop Center vende 6 botellas por 2.10 dólares. ¿En qué tienda cuesta menos comprar una botella de agua?

____

Nombre ______________________ Fecha ______________

1 Inventa una carta que el Pingüino Confundido podría escribir que describa un error que se cometió al multiplicar o dividir.

Estimados estudiantes de matemáticas:

Tu amigo.
Pingüino Confundido

2 Escribe una respuesta para la carta del Pingüino Confundido.

Nombre ______________________ **Fecha** ______________

❶ La tienda de mascotas vende 9 latas de alimento para gato por 12 dólares. A este precio, ¿cuántas latas de alimento para gato puedes comprar con 32 dólares?

____

Halla la longitud del lado desconocido.

❷

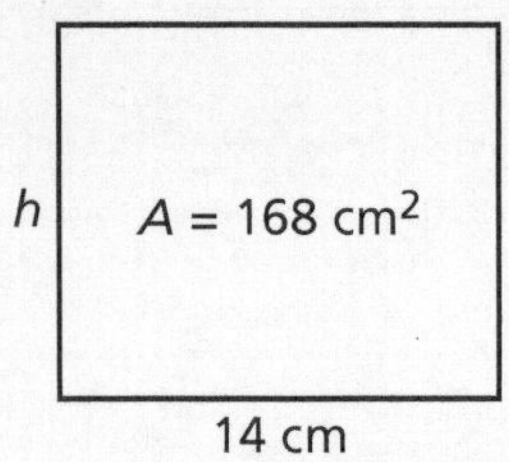

$h =$ ________

❸

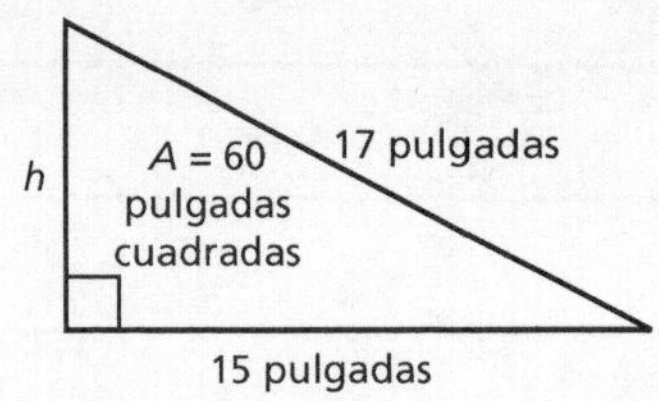

$h =$ ________

❹

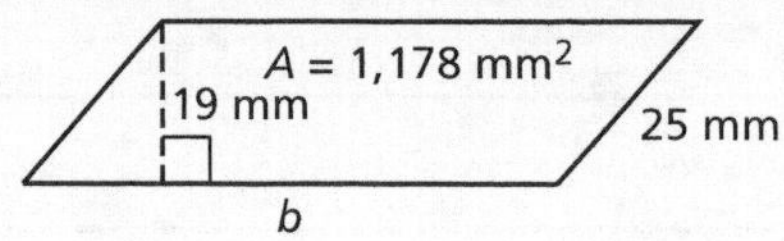

$b =$ ________

Multiplica o divide. Redondea el cociente al décimo más cercano si fuera necesario.

❺ $\begin{array}{r} 5.9 \\ \times\ 2.4 \\ \hline \end{array}$

❻ $0.9\overline{)53.1}$

❼ $\begin{array}{r} 0.56 \\ \times\ 9.7 \\ \hline \end{array}$

❽ $0.28\overline{)233.6}$

❾ $0.5\overline{)2.05}$

❿ $\begin{array}{r} 125 \\ \times\ 0.6 \\ \hline \end{array}$

⓫ $1.9\overline{)6.84}$

⓬ $\begin{array}{r} 4.1 \\ \times\ 0.38 \\ \hline \end{array}$

⓭ **Amplía tu razonamiento** Jenny y George juntaron sus mesadas para comprar el mismo regalo para cada una de sus cuatro maestras. Jenny tenía 13.75 dólares. George tenía 2.26 dólares menos que Jenny. ¿Cuánto costó un regalo?

____

3-6
Haz la tarea

Nombre ______________________ Fecha ______________________

Completa cada enunciado con < o >.

1. $\frac{1}{3} \bigcirc \frac{1}{2}$
2. $\frac{1}{6} \bigcirc \frac{1}{8}$
3. $\frac{3}{8} \bigcirc \frac{3}{5}$
4. $0.04 \bigcirc 0.004$
5. $\frac{2}{5} \bigcirc \frac{2}{3}$
6. $\frac{7}{10} \bigcirc \frac{7}{8}$
7. $0.2 \bigcirc 0.02$
8. $0.03 \bigcirc 0.3$
9. $5\frac{3}{8} \bigcirc 6\frac{5}{8}$
10. $6\frac{1}{3} \bigcirc 7\frac{1}{2}$
11. $4.2 \bigcirc 2.4$
12. $3.1 \bigcirc 3.0$
13. $\frac{4}{7} \bigcirc \frac{6}{7}$
14. $\frac{9}{8} \bigcirc \frac{13}{8}$
15. $0.05 \bigcirc 0.03$
16. $0.2 \bigcirc 0.3$

Suma o resta.

17. $\frac{2}{9} + \frac{5}{9} =$ ______
18. $\frac{4}{5} - \frac{1}{5} =$ ______
19. $2\frac{2}{3} + 1\frac{2}{3} =$ ______
20. $4.2 - 1.3$
21. $5\frac{1}{7} - 2\frac{5}{7}$
22. $21.43 - 8.65$
23. $8\frac{4}{9} - 3\frac{7}{9}$
24. $6\frac{2}{5} - 1\frac{4}{5}$
25. $5\frac{1}{3} - 3\frac{2}{3}$
26. $3\frac{4}{7} + 2\frac{5}{7}$
27. $16.15 - 7.68$

Resuelve.

28. Un carpintero tiene un bloque de madera de 2.4 metros de largo. Corta 1.8 metros. ¿Cuán largo es el bloque de madera ahora?

____

3-6
Recuerda

Nombre ______________________ Fecha ____________

1. Sarah puede leer 4 páginas en 20 minutos. Si sigue leyendo a la misma tasa, ¿cuántos minutos le tomará leer 7 páginas a Sarah?

____

2. Diagrama estos pares ordenados: *A*(4, 2), *B*(1, 6), *C*(7, 6). Diagrama el punto *D* y dibuja segmentos para formar el paralelogramo *ABCD*. El segmento *AB* mide 5 unidades. Halla el perímetro y el área del paralelogramo *ABCD*.

$P =$ ______________

$A =$ ______________

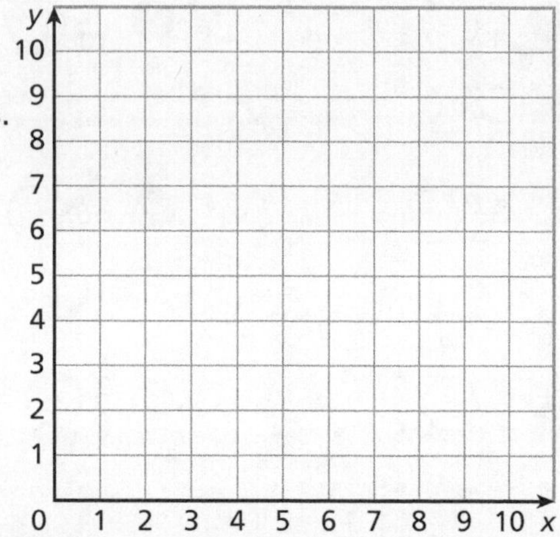

Para cada problema, escribe si necesitas *multiplicar* o *dividir*. Luego resuelve.

3. Maria compró 5.5 libras de cerdo por 13.75 dólares. ¿Cuánto costó cada libra de cerdo?

____

4. Jeremiah corrió 5.6 millas todos los días por 2 semanas. ¿Cuántas millas corrió en total?

____

5. Una pizarra tiene un área de 35.8 pies cuadrados. Una pizarra más pequeña tiene 0.7 veces ese tamaño. ¿Cuál es el área de la pizarra más pequeña?

____

6. El jardín de Hans tiene un área de 193.75 pies cuadrados. Si la longitud del jardín es de 12.5 pies, ¿cuál es el ancho?

____

7. **Amplía tu razonamiento** Kendra, John y Angel asisten a la misma escuela. John vive 0.8 veces más lejos de la escuela que Kendra. Angel vive 1.3 veces más lejos de la escuela que Kendra. Si Angel vive a 5.59 millas de la escuela, ¿cuán lejos viven Kendra y John de la escuela?

____

____

3-7
Haz la tarea

Nombre ____________________ Fecha ____________________

Completa cada enunciado con < o >.

1. 0.2 ◯ 0.04
2. 1.02 ◯ 1.2
3. 0.35 ◯ 0.3
4. $\frac{4}{5}$ ◯ $\frac{11}{20}$
5. $\frac{5}{24}$ ◯ $\frac{3}{8}$
6. $\frac{1}{4}$ ◯ $\frac{5}{16}$

Suma.

7. $\frac{1}{3} + \frac{1}{6} =$ ________
8. $\frac{1}{16} + \frac{5}{8} =$ ________
9. $0.2 + 0.08 =$ ________
10. $2.31 + 0.4 =$ ________
11. $\frac{5}{12} + \frac{3}{4} =$ ________
12. $0.19 + 0.9 =$ ________
13. $\frac{8}{9} + \frac{1}{3} =$ ________
14. $\frac{1}{5} + \frac{3}{20} =$ ________
15. $0.91 + 0.1 =$ ________

Resta.

16. $\frac{1}{2} - \frac{1}{6} =$ ________
17. $\frac{11}{12} - \frac{5}{6} =$ ________
18. $0.4 - 0.18 =$ ________
19. $4.35 - 0.6 =$ ________
20. $\frac{10}{24} - \frac{3}{8} =$ ________
21. $0.19 - 0.1 =$ ________
22. $2.15 - 1.4 =$ ________
23. $\frac{4}{5} - \frac{5}{15} =$ ________
24. $\frac{23}{24} - \frac{5}{6} =$ ________

Resuelve. *Muestra tu trabajo.*

25. Un arbusto tiene 2.3 metros de alto. Está creciendo junto a una cerca que tiene 3.2 metros de alto. ¿Cuánto más corto es el arbusto que la cerca?

____

26. Lori tenía $\frac{3}{8}$ de una bolsa de harina para hacer una receta. Su amiga le dio $\frac{1}{4}$ de una bolsa. ¿Cuánta harina tiene Lori?

____

27. Leroy pasó $\frac{5}{9}$ del tiempo de estudio estudiando matemática. Marta pasó $\frac{1}{3}$ del tiempo de estudio estudiando matemática. ¿Cuánto más que Marta pasó Leroy estudiando matemática?

____

3-7
Recuerda

Nombre ______________________ Fecha ______________

1. Shaina y su hermano pequeño Shaud están haciendo pulseras de la amistad. Por cada 8 pulseras que Shaina hace, Shaud hace 5 pulseras. Si la razón se mantiene igual, ¿cuántas pulseras hará Shaud si Shaina hace 32 pulseras?

____

2. Gerrard es pintor. Está usando un lienzo en forma de un hexágono regular. El perímetro del lienzo es de 78 pulg. La distancia perpendicular de un lado al centro es de 11 pulg a la pulgada más cercana. Basado en estas mediciones, ¿cuál es el área del lienzo?

____

Para cada problema, escribe si necesitas *multiplicar* o *dividir*. Luego resuelve.

3. Stephen está comprando cajas de almacenamiento para un juego de cartas. Cada caja tiene capacidad para 75 cartas. Si tiene 235 cartas, ¿cuántas cajas de almacenamiento necesita para guardar todas las cartas?

____

4. Isabella tiene 15.57 dólares para comprar fresas en la tienda. Cada pinta de fresas cuesta 2.35 dólares. ¿Cuántas pintas completas de fresas puede comprar Isabella?

____

5. La familia Van Ness está jugando juegos. Deciden pasar 0.75 horas jugando cada uno de los 5 juegos. ¿Cuánto tiempo pasará la familia jugando juegos?

____

6. Jordan tiene un cartón que mide 56.4 cm de largo. Corta el cartón en 12 partes iguales. ¿Cuán larga es cada parte?

____

7. **Amplía tu razonamiento** Genna, Tasmina y Juan participaron en una competencia de salto en largo. Las longitudes de sus saltos fueron $2\frac{2}{5}$ metros, $3\frac{1}{3}$ metros y $2\frac{2}{7}$ metros. Genna hizo el salto más largo. El salto de Juan no fue el más corto. ¿Cuán lejos saltó cada estudiante?

____

____

3-8
Haz la tarea

Nombre ______________________ Fecha ______________

Completa cada enunciado con $<$ o $>$.

1. $\frac{5}{8} \bigcirc \frac{7}{10}$
2. $\frac{1}{4} \bigcirc \frac{3}{10}$
3. $\frac{2}{3} \bigcirc \frac{5}{7}$
4. $\frac{5}{6} \bigcirc \frac{7}{10}$

Suma o resta.

5. $\frac{3}{8} + \frac{5}{12} =$ ______
6. $\frac{1}{3} + \frac{5}{8} =$ ______
7. $2\frac{6}{7} + 4\frac{4}{5} =$ ______
8. $3\frac{5}{6} + 2\frac{3}{5} =$ ______
9. $5\frac{3}{4} - 3\frac{5}{6} =$ ______
10. $4\frac{1}{2} - 2\frac{8}{9} =$ ______
11. $3\frac{5}{8} - 1\frac{5}{6} =$ ______
12. $5\frac{1}{3} - 2\frac{4}{5} =$ ______

Resuelve.

Muestra tu trabajo.

13. Linda compró $2\frac{2}{3}$ yardas de tela para un proyecto. Usó $1\frac{1}{4}$ yardas. ¿Cuánta tela le sobra?

____

14. Jerry anda en bicicleta por $1\frac{3}{10}$ millas en un día. Al día siguiente, anda en bicicleta $1\frac{5}{8}$ millas. ¿Cuánta distancia recorre en total en los dos días?

____

3-8
Recuerda

Nombre ______________________ **Fecha** ______________

1 La tabla muestra los precios de galletas para perros. Si Michelle gasta 24 dólares en 9 cajas de galletas, ¿qué galletas compra?

Galletas Tasty Bits	2 cajas por 3 dólares
Galletas Crispy Treats	3 cajas por 8 dólares
Galletas Doggie Strips	1 caja por 2 dólares

____

2 El señor Beni hace un esbozo del plano de planta de varias habitaciones de su casa. ¿Cuánto alfombrado necesita para cubrir toda la superficie del suelo que se muestra?

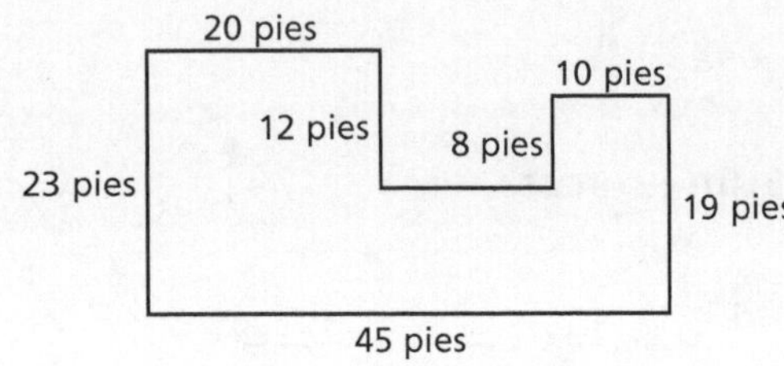

____

Completa cada enunciado con < o >.

3 $\frac{4}{5} \bigcirc \frac{4}{7}$ **4** $\frac{3}{8} \bigcirc \frac{5}{16}$ **5** $0.7 \bigcirc 0.9$ **6** $\frac{7}{24} \bigcirc \frac{1}{4}$

7 $\frac{4}{9} \bigcirc \frac{2}{3}$ **8** $1.03 \bigcirc 1.3$ **9** $0.76 \bigcirc 0.7$ **10** $\frac{5}{9} \bigcirc \frac{2}{9}$

Suma o resta.

11 $\begin{array}{r} 45.7 \\ -\ 8.9 \\ \hline \end{array}$

12 $\begin{array}{r} 8\frac{1}{3} \\ -\ 6\frac{2}{3} \\ \hline \end{array}$

13 $\begin{array}{r} 5.6 \\ +\ 1.9 \\ \hline \end{array}$

14 $\begin{array}{r} \frac{9}{10} \\ -\ \frac{2}{5} \\ \hline \end{array}$

15 $\begin{array}{r} \frac{15}{16} \\ -\ \frac{5}{8} \\ \hline \end{array}$

16 $\begin{array}{r} 23.8 \\ -\ 17.8 \\ \hline \end{array}$

17 $\begin{array}{r} 16.3 \\ -\ 7.6 \\ \hline \end{array}$

18 $\begin{array}{r} 3\frac{6}{7} \\ +\ 1\frac{3}{7} \\ \hline \end{array}$

19 **Amplía tu razonamiento** Cheryl va de compras con una tarjeta de regalo. Gasta 4.50 dólares en un cinturón. Luego gasta 21.75 dólares en un collar. Le quedan 25.60 dólares en la tarjeta de regalo. ¿Cuánto había en la tarjeta de regalo cuando comenzó a comprar?

____

3-9 Haz la tarea

Nombre ______________________ Fecha ______________

Suma o resta.

1. $1.32 + 2.8 =$ ________________
2. $9\frac{1}{2} - 5\frac{2}{3} =$ ________________
3. $3\frac{1}{4} - 1\frac{11}{12} =$ ________________
4. $\frac{2}{3} + 1\frac{5}{7} =$ ________________
5. $2.7 - 0.82 =$ ________________
6. $4\frac{3}{8} + 2\frac{3}{10} =$ ________________
7. $\frac{6}{11} - \frac{1}{5} =$ ________________
8. $5.13 + 2.8 =$ ________________
9. $1\frac{4}{5} + \frac{3}{10} =$ ________________
10. $2\frac{1}{2} - \frac{3}{8} =$ ________________
11. $2.18 - 1.3 =$ ________________
12. $2\frac{3}{4} + 5\frac{7}{10} =$ ________________

Completa cada enunciado con < o >.

13. 1.8 ◯ 1.08
14. $\frac{2}{3}$ ◯ $\frac{3}{5}$
15. $1\frac{7}{12}$ ◯ $1\frac{5}{8}$
16. $3\frac{2}{3}$ ◯ $3\frac{8}{9}$
17. 0.14 ◯ 0.41
18. $\frac{2}{5}$ ◯ $\frac{1}{10}$

Nombre ______________________ Fecha ______________

1. Hannah está ayudando a su padre a armar una terraza. Por cada 12 ladrillos cuadrados, usan 10 ladrillos redondos. Si usan 35 ladrillos redondos, ¿cuántos ladrillos cuadrados usarán?

____

2. Jerry está pintando la parte sombreada de este cartel. ¿Cuál es el área de la parte del cartel que está pintando?

____

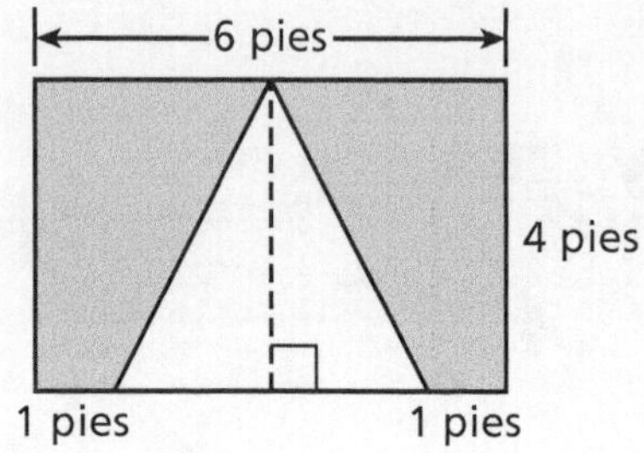

Completa cada enunciado con $<$ o $>$.

3. $\frac{1}{2} \bigcirc \frac{5}{8}$

4. $\frac{4}{5} \bigcirc \frac{5}{7}$

5. $0.33 \bigcirc 0.41$

6. $\frac{3}{5} \bigcirc \frac{5}{8}$

7. $6.07 \bigcirc 6.17$

8. $\frac{1}{6} \bigcirc \frac{3}{10}$

9. $\frac{5}{8} \bigcirc \frac{7}{12}$

10. $11.29 \bigcirc 11.31$

Suma o resta.

11. $\frac{4}{5} + \frac{1}{8}$

12. $2\frac{2}{3} - 1\frac{1}{3}$

13. $27.1 + 12.6$

14. $\frac{1}{2} + \frac{3}{8}$

15. $2\frac{3}{7} - 1\frac{2}{3}$

16. $4.45 + 14.6 =$ ______

17. $5\frac{1}{2} + 1\frac{8}{9}$

18. $10.04 + 8.2 =$ ______

19. **Amplía tu razonamiento** Lucy tiene $3\frac{3}{4}$ pies de cinta. Necesita $1\frac{1}{2}$ pies de cinta para un proyecto. Necesita $1\frac{5}{6}$ pies de cinta para otro proyecto. ¿Sobrará más o menos que $\frac{1}{2}$ de pie de cinta luego de que termine los dos proyectos? Explica.

____

____

3-10
Haz la tarea

Nombre ____________________ Fecha ____________

Multiplica.

1. $\frac{3}{8} \cdot 10 =$ ________ 2. $\frac{7}{8} \cdot 11 =$ ________ 3. $\frac{4}{5} \cdot 12 =$ ________

4. $9 \cdot \frac{2}{3} =$ ________ 5. $10 \cdot \frac{5}{7} =$ ________ 6. $2 \cdot \frac{3}{5} =$ ________

7. $\frac{2}{3} \cdot \frac{6}{7} =$ ________ 8. $\frac{5}{8} \cdot \frac{1}{3} =$ ________ 9. $\frac{4}{7} \cdot \frac{5}{7} =$ ________

10. $1\frac{2}{9} \cdot 2\frac{1}{3} =$ ________ 11. $2\frac{4}{5} \cdot 3\frac{1}{8} =$ ________ 12. $4\frac{1}{6} \cdot 2\frac{2}{5} =$ ________

Estimados estudiantes de matemáticas:

Este verano, ganaré dinero cortando el césped. Puedo cortar $\frac{2}{3}$ de césped en 1 hora. Mi amigo me dijo que si trabajo durante 5 horas, puedo multiplicar $5 \cdot \frac{2}{3}$ para saber la cantidad de jardines en los que corté el césped. Pero le dije que en 5 horas cortaría $\frac{2}{15}$ de césped. ¿Es razonable mi respuesta?

Tu amigo.
Pingüino Confundido

13. Escribe una respuesta para el Pingüino Confundido.

____

____

____

3-10 Recuerda

Nombre ______________________ Fecha ______________

1 Durante una tormenta, cayeron 4 pulgadas de nieve cada 2 horas. A esta tasa, ¿cuánto tardarán en caer 10 pulgadas de nieve?

____

Halla el perímetro y el área de cada figura.

2

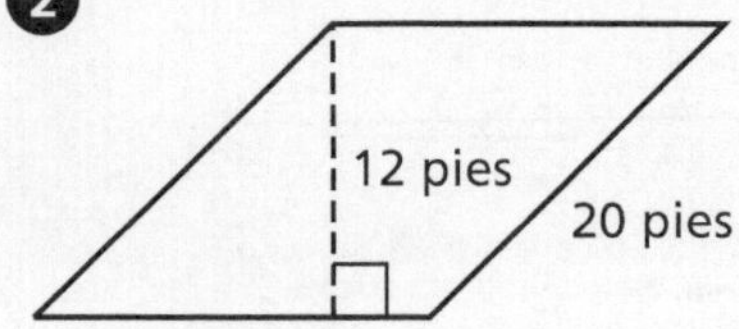

$P =$ ______

$A =$ ______

3

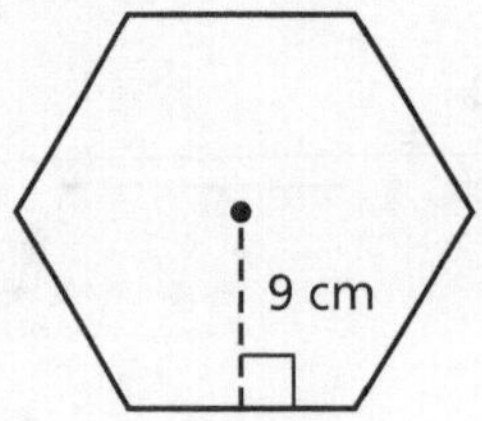

$P =$ ______

$A =$ ______

4

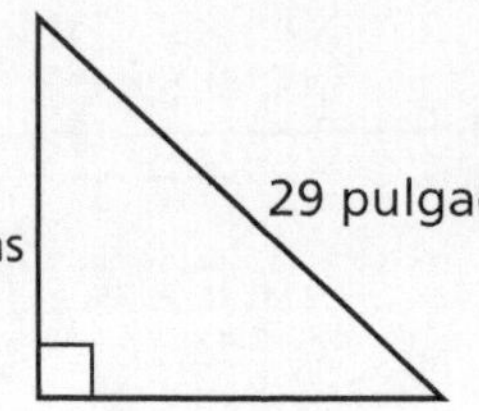

$P =$ ______

$A =$ ______

Completa cada enunciado con $<$ o $>$.

5 $\frac{3}{4} \bigcirc \frac{6}{7}$ **6** $\frac{1}{3} \bigcirc \frac{1}{5}$ **7** $9.03 \bigcirc 9.1$ **8** $4.56 \bigcirc 5.01$

Suma o resta.

9 $\frac{5}{6} - \frac{1}{2}$

10 $1\frac{4}{5} - \frac{4}{9}$

11 $133.9 + 29.9$

12 $\frac{3}{8} + \frac{1}{3}$

13 $3\frac{1}{4} - 1\frac{2}{3}$

14 $44.9 + 2.3$

15 $14.22 + 20.1$

16 $5.99 - 1.08$

17 **Amplía tu razonamiento** Marty tiene una caja de pasas de uva. Usa $1\frac{1}{2}$ tazas de pasas para una mezcla de frutos secos. Luego, abre una bolsa que tiene $2\frac{1}{3}$ tazas de pasas. Marty luego usa $\frac{3}{4}$ de taza de pasas para hacer budín de pan. Quedan $3\frac{1}{2}$ tazas de pasas. ¿Cuántas tazas de pasas había en la caja? Explica.

____

____

____

3-11
Haz la tarea

Nombre ________________ Fecha ________________

Divide.

1. $\frac{1}{2} \div 3 =$ ________
2. $12 \div \frac{1}{6} =$ ________
3. $8 \div 7 =$ ________
4. $10 \div \frac{1}{4} =$ ________
5. $14 \div \frac{1}{3} =$ ________
6. $\frac{1}{6} \div 3 =$ ________
7. $\frac{1}{12} \div 8 =$ ________
8. $9 \div 14 =$ ________
9. $\frac{1}{8} \div 4 =$ ________
10. $10 \div 11 =$ ________
11. $13 \div 12 =$ ________
12. $\frac{1}{3} \div 7 =$ ________
13. $9 \div \frac{1}{4} =$ ________
14. $11 \div 6 =$ ________
15. $\frac{1}{5} \div 14 =$ ________

16. Kim corrió 4 cuadras en el tiempo que le tomó a su hermano pequeño Mikey avanzar tambaleando $\frac{1}{3}$ de cuadra.

   a. ¿Cuántas cuadras corrió Kim respecto de su hermano Mikey? Explica cómo hallaste la respuesta.

   ____

   ____

   b. ¿Cuántas veces avanzó Mikey respecto de Kim? Explica cómo hallaste la respuesta.

   ____

   ____

3-11
Recuerda

Nombre ______________________ Fecha ______________

1 En la excursión del sexto grado, hay 2 maestros por cada 9 estudiantes. Si hay 63 estudiantes en la excursión, ¿cuántos maestros hay?

____

Halla la longitud del lado desconocido.

2

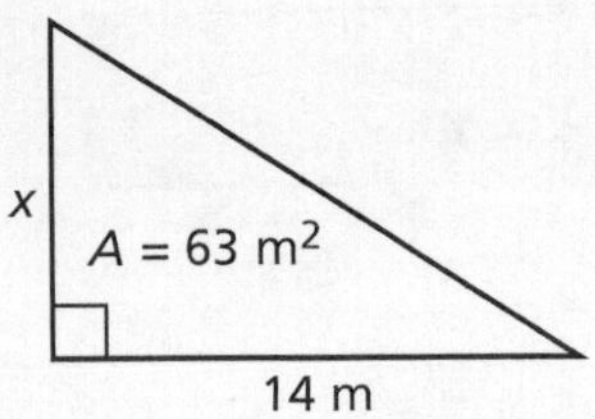

$x =$ ______________

3

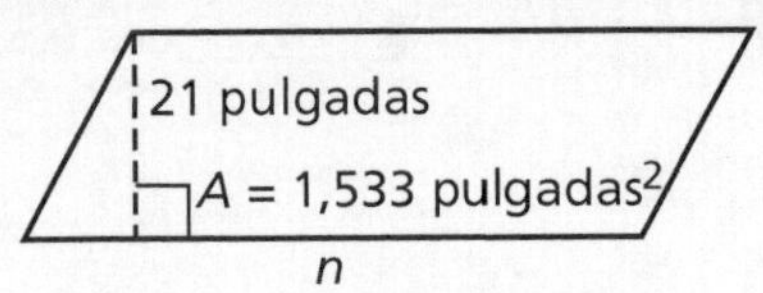

$n =$ ______________

4

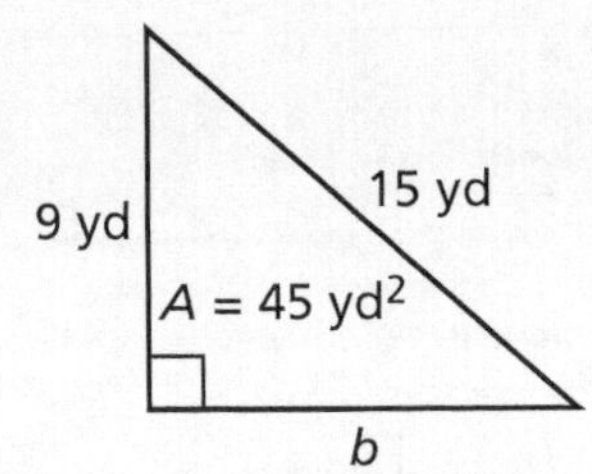

$b =$ ______________

Suma o resta.

5 $1\frac{2}{3} + 3\frac{4}{5}$

6 $\frac{7}{10} - \frac{4}{10}$

7 $105.7 + 16.9$

8 $23.9 - 9.1$

Multiplica.

9 $\frac{5}{6} \cdot \frac{1}{4} =$ ______

10 $\frac{3}{10} \cdot \frac{4}{9} =$ ______

11 $\frac{5}{7} \cdot \frac{5}{6} =$ ______

12 $\frac{2}{3} \cdot \frac{9}{14} =$ ______

13 $1\frac{2}{3} \cdot 2\frac{1}{3} =$ ______

14 $3\frac{4}{5} \cdot 1\frac{1}{2} =$ ______

15 $2\frac{4}{5} \cdot 2\frac{3}{4} =$ ______

16 $1\frac{4}{5} \cdot \frac{3}{10} =$ ______

17 **Amplía tu razonamiento** La clase de cocina de Joelle dura $2\frac{1}{2}$ veces más que su clase de karate. Su clase de cocina comienza a las 4 P.M. Si su clase de karate dura $\frac{1}{2}$ de hora, ¿a qué hora termina su clase de cocina? Explica.

____

____

____

3-12
Haz la tarea

Nombre ______________________ Fecha ______________

Multiplicar un número por una fracción menor que 1 da como resultado un número menor. Dividir un número entre una fracción menor que 1 da como resultado un número mayor.

Multiplica o divide.

1. $12 \div 13 =$ ________
2. $8 \div \frac{1}{2} =$ ________
3. $\frac{1}{2} \div 8 =$ ________
4. $\frac{2}{5} \cdot \frac{3}{8} =$ ________
5. $14 \div \frac{1}{3} =$ ________
6. $\frac{1}{5} \div 10 =$ ________
7. $1\frac{1}{3} \cdot 2\frac{1}{4} =$ ________
8. $\frac{3}{5} \cdot 6 =$ ________
9. $30 \div \frac{1}{3} =$ ________
10. $1\frac{2}{3} \cdot \frac{7}{10} =$ ________
11. $\frac{11}{15} \cdot \frac{5}{6} =$ ________
12. $\frac{1}{8} \div 7 =$ ________
13. $15 \div 8 =$ ________
14. $24 \div \frac{1}{3} =$ ________
15. $\frac{5}{8} \cdot \frac{4}{25} =$ ________
16. $\frac{3}{7} \cdot \frac{2}{3} =$ ________
17. $\frac{1}{9} \div 4 =$ ________
18. $17 \div \frac{1}{2} =$ ________

Resuelve. *Muestra tu trabajo.*

19. La estación de bomberos está a 9 kilómetros de la biblioteca. Tracey caminó $\frac{3}{5}$ de la distancia. ¿Cuánto caminó Tracey?

 ____

20. Generalmente, Tony ahorra $\frac{1}{5}$ de su mesada. La semana pasada, solo ahorró $\frac{2}{3}$ de eso. ¿Cuánto de su mesada ahorró la semana pasada?

 ____

21. Una diseñadora textil está colocando estrellas de cuentas en su tela. Decide colocar una estrella en el medio de cada $\frac{1}{3}$ de yarda. ¿Cuántas estrellas de cuentas colocará en 8 yardas de tela?

 ____

3-12
Recuerda

Nombre ______________________ Fecha ______________

1. Sudian lee 4 páginas en 12 minutos. A esta tasa, ¿cuánto tardará en leer 6 páginas?

____

2. Completa la tabla de tasas con los números que faltan. Luego, diagrama los pares ordenados y dibuja una línea entre los puntos.

Número de libras	Número de dólares
1	2
2	4
3	
4	
5	

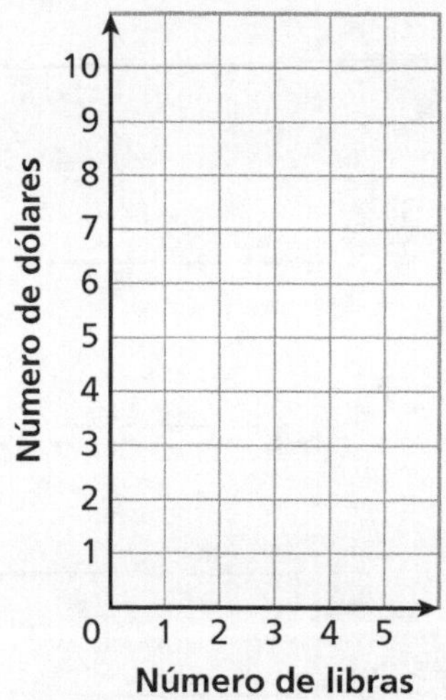

Simplifica.

3. $4.45 + 12.8 =$ ________

4. $4.4 \cdot 11.7 =$ ________

5. $41.14 \div 3.4 =$ ________

6. $1\frac{1}{7} + 1\frac{3}{4} =$ ________

7. $2\frac{1}{2} - 1\frac{3}{4} =$ ________

8. $1\frac{5}{9} + 2\frac{1}{3} =$ ________

9. $2\frac{1}{2} \cdot 1\frac{1}{2} =$ ________

10. $\frac{2}{9} \cdot \frac{3}{10} =$ ________

11. $\frac{3}{4} \div \frac{1}{2} =$ ________

12. **Amplía tu razonamiento** Xavier está usando azulejos cuadrados para cubrir la tabla de una mesa. Los azulejos miden $1\frac{1}{2}$ pulgadas en cada lado. La tabla de la mesa tiene $7\frac{1}{2}$ pulgadas de ancho y $13\frac{1}{2}$ pulgadas de largo. ¿Cuántos azulejos necesita usar Xavier para cubrir toda la mesa? Explica.

____

____

____

3-13
Haz la tarea

Nombre ______________________ Fecha ______________

Halla el factor desconocido en cada ecuación. Luego, reescribe la multiplicación como una ecuación de división.

Ecuación de multiplicación	Ecuación de división relacionada
1 $\frac{3}{5} \cdot \frac{\square}{\square} = \frac{9}{20}$	$\frac{9}{20} \div \frac{3}{5} = \frac{\square}{\square}$
2 $\frac{5}{6} \cdot \frac{\square}{\square} = \frac{20}{42}$	
3 $\frac{4}{9} \cdot \frac{\square}{\square} = \frac{24}{63}$	

Divide.

4 $\frac{8}{28} \div \frac{4}{7} =$ ______

5 $\frac{9}{16} \div \frac{3}{4} =$ ______

6 $\frac{30}{56} \div \frac{5}{8} =$ ______

7 $2\frac{11}{14} \div \frac{3}{7} =$ ______

Los productos en cada ecuación de multiplicación están simplificados. Halla el factor desconocido. Luego, elige una ecuación de división relacionada para resolver. Explica tu decisión.

8 $\frac{5}{6} \cdot$ ______ $= \frac{15}{42} = \frac{5}{14}$ Resuelve $\frac{15}{42} \div \frac{5}{6} =$ ______ o $\frac{5}{14} \div \frac{5}{6} =$ ______

____

Dibuja un diagrama, escribe una ecuación y resuelve.

9 Danielle tiene una pintura en lienzo que tiene un área de $\frac{6}{35}$ de metro cuadrado y una longitud de $\frac{2}{5}$ de metro. ¿Cuál es el ancho de la pintura?

____

10 Youngshim puede patear una pelota de fútbol a una distancia de $\frac{8}{15}$ de la longitud del campo de juego. Esto es $\frac{2}{5}$ de la distancia que su hermano mayor Minjun puede patear la pelota. ¿Cuán lejos puede patear la pelota Minjun?

____

3-13 Recuerda

Nombre ______________________________ Fecha ______________

❶ Hay 15 piezas en 3 juegos de construcción. ¿Cuántas piezas hay en 8 juegos de construcción?

____

❷ La parte que no está sombreada muestra el área del jardín de Milia. ¿Cuál es el área del jardín de Milia?

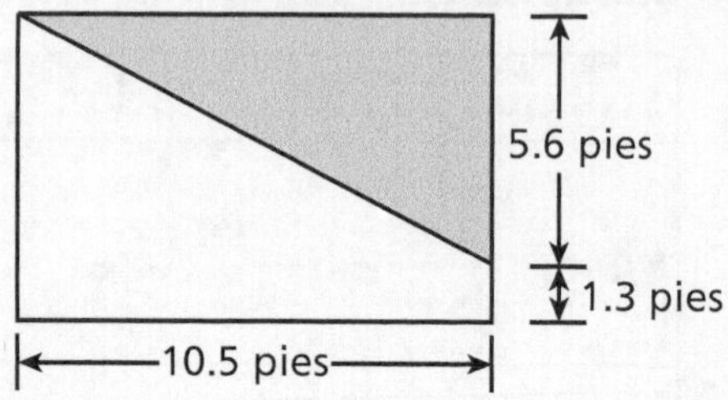

____

Escribe las fracciones equivalentes. Luego compara, suma y multiplica las fracciones de izquierda a derecha. Resta la fracción menor a la fracción mayor.

❸	$\frac{7}{8}$ $\frac{5}{6}$ →	
❹	>, <	
❺	+	
❻	•	
❼	−	

❽	$\frac{3}{5}$ $\frac{1}{4}$ →	
❾	>, <	
❿	+	
⓫	•	
⓬	−	

⓭	$\frac{5}{8}$ $\frac{7}{10}$ →	
⓮	>, <	
⓯	+	
⓰	•	
⓱	−	

⓲ Sam lee 6 libros en el tiempo que le toma a su hermana pequeña, Faith, leer $\frac{1}{2}$ libro.

a. ¿Cuántas veces más leyó Sam en comparación con su hermana? Explica cómo hallaste la respuesta.

____

b. ¿Cuántas veces leyó la hermana de Sam en comparación con él? Explica cómo hallaste la respuesta.

____

⓳ **Amplía tu razonamiento** La diferencia entre dos números es 5. Un número es $\frac{2}{3}$ del otro número. ¿Cuáles son los dos números? Explica cómo hallaste la respuesta.

____

____

____

3-14
Haz la tarea

Nombre ___ Fecha ___

Divide amplificando y dividiendo numeradores y denominadores o multiplicando por el inverso.

1. $\frac{9}{20} \div \frac{3}{5} =$ ___
2. $\frac{5}{7} \div \frac{6}{11} =$ ___
3. $\frac{2}{3} \div \frac{4}{7} =$ ___
4. $\frac{7}{20} \div \frac{7}{5} =$ ___
5. $\frac{8}{9} \div \frac{2}{3} =$ ___
6. $\frac{2}{5} \div \frac{3}{7} =$ ___
7. $4\frac{2}{5} \div \frac{6}{7} =$ ___
8. $6\frac{3}{10} \div \frac{9}{5} =$ ___

Los problemas a continuación se resuelven amplificando y dividiendo, y multiplicando por el inverso. Completa las soluciones.

9. **Amplifica y divide** Observa que los denominadores dividen. Necesitas amplificar para poder dividir los numeradores.

$$\_\_ \div 2 = 1$$

$$\frac{7}{15} \div \frac{2}{5} = \frac{7}{15} \cdot \frac{\square}{\square} \div \frac{2}{5} = \frac{7 \cdot \square}{15 \cdot \square} \div \frac{2}{5} = \frac{7}{3} \cdot \frac{1}{2} = \frac{\square}{\square}$$

$$15 \div 5 = 3$$

Multiplica por el inverso del divisor.

$$\frac{7}{15} \div \frac{2}{5} = \frac{7}{15} \cdot \frac{\square}{\square} = \_\_\_$$

10. **Amplifica y divide** Observa que los numeradores dividen. Necesitas amplificar para poder dividir los denominadores.

$$21 \div 7 = 3$$

$$\frac{21}{8} \div \frac{7}{5} = \left(\frac{21}{8} \cdot \frac{\square}{\square}\right) \div \frac{7}{5} = \frac{21 \cdot \square}{8 \cdot \square} \div \frac{7}{5} = \frac{3}{8} \cdot \frac{5}{1} = \frac{\square}{\square}$$

$$\_\_ \div 5 = 1$$

Multiplica por el inverso del divisor.

$$\frac{21}{8} \div \frac{7}{5} = \frac{21}{8} \cdot \frac{\square}{\square} = \_\_\_$$

3-14
Recuerda

Nombre ______________________ Fecha ____________

1 Drake y Troy están armando modelos. Por cada 10 piezas que Drake ensambla, Troy ensambla 6 piezas. Si Troy ensambla 18 piezas, ¿cuántas piezas ensambla Drake?

____

Divide.

2 $23\overline{)56.58}$ **3** $5.4\overline{)187.92}$ **4** $6\overline{)612}$ **5** $8\overline{)49.76}$

Halla el factor desconocido en cada pregunta. Luego, reescribe la multiplicación como una ecuación de división.

6 $\frac{8}{9} \cdot \frac{\square}{\square} = \frac{24}{36}$

____

7 $\frac{5}{11} \cdot \frac{\square}{\square} = \frac{25}{66}$

____

8 $\frac{2}{7} \cdot \frac{\square}{\square} = \frac{10}{49}$

____

9 $\frac{7}{20} \cdot \frac{\square}{\square} = \frac{21}{100}$

____

10 **Amplía tu razonamiento** Ginny fue a la tienda con una tarjeta de regalo. Gastó $\frac{2}{5}$ del total de su tarjeta de regalo. Luego gastó $15 más del dinero en la tarjeta. Su mamá le dio $25 en efectivo. Luego gastó $\frac{1}{2}$ del monto total que tenía. Le sobró un total de $14 para gastar. ¿Cuánto dinero había en la tarjeta de regalo de Ginny? Explica tu respuesta.

____

____

____

3-15
Haz la tarea

Nombre ______________________ Fecha ______________

Divide usando cualquier método.

1. $\frac{7}{9} \div \frac{4}{9} =$ ______________

2. $\frac{1}{18} \div \frac{1}{6} =$ ______________

3. $\frac{5}{6} \div \frac{2}{3} =$ ______________

4. $\frac{5}{6} \div 7 =$ ______________

5. $4 \div \frac{1}{12} =$ ______________

6. $4 \div \frac{5}{12} =$ ______________

7. $\frac{9}{16} \div \frac{3}{8} =$ ______________

8. $\frac{5}{6} \div \frac{1}{7} =$ ______________

Resuelve.

Muestra tu trabajo.

9. Los gatos de Pam, Scooter y Max, están jugando con hilo. El hilo de Scooter tiene $1\frac{2}{3}$ yardas de largo. El hilo de Max tiene $\frac{3}{4}$ de yarda de largo. ¿Cuántas veces el largo del hilo de Max tiene el hilo de Scooter?

____

10. El señor Dawson divide $\frac{7}{8}$ de libra de pasas de uva en 3 lotes de panecillos de avena. ¿Cuál es el peso de las pasas en cada lote?

____

11. Un corral de conejos tiene un área de $1\frac{1}{2}$ yardas cuadradas. Si la longitud del corral es de $\frac{2}{3}$ de yarda, ¿cuál es el ancho?

____

12. Darryl tejió una bufanda de $\frac{3}{5}$ de yarda de largo. Esto es $\frac{2}{3}$ del largo de la bufanda que Hannah tejió. ¿Cuán larga es la bufanda de Hannah?

____

3-15 Recuerda

Nombre ______________________ Fecha ______________

1 Para hacer pintura de color verde, Michelle mezcla 4 latas de pintura azul con 6 latas de pintura amarilla. Tiene 24 latas de pintura amarilla. ¿Cuántas latas de pintura azul necesita para obtener el mismo tono de verde?

____

2 Marjory está comprando una cerca para la parte de su jardín trasero que se muestra. ¿Cuánta cerca necesita comprar? Marjory está tapando la zona con piedras de río. ¿Cuál es el área que está encerrada por la cerca?

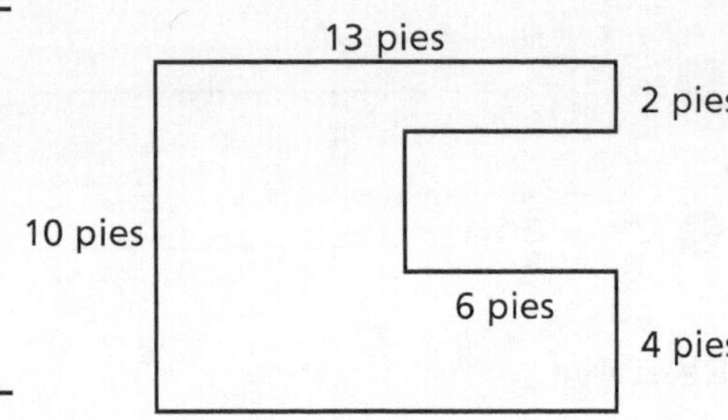

____

Simplifica.

3 $34.9 + 13 =$ ________

4 $17 - 12.8 =$ ________

5 $23 \cdot 38 =$ ________

6 $39.65 \div 6.1 =$ ________

Escribe las fracciones equivalentes. Luego compara, suma, multiplica y divide las fracciones de izquierda a derecha. Resta la fracción menor a la fracción mayor.

7	$\frac{2}{5}$ $\frac{1}{3}$ →	
8	>, <	
9	+	
10	·	
11	÷	
12	−	

13	$\frac{5}{7}$ $\frac{1}{3}$ →	
14	>, <	
15	+	
16	·	
17	÷	
18	−	

19	$\frac{10}{11}$ $\frac{2}{5}$ →	
20	>, <	
21	+	
22	·	
23	÷	
24	−	

25 **Amplía tu razonamiento** Ben ahorró $\frac{3}{4}$ por mes de lo que ahorró el mes anterior. Si ahorró $45 en marzo, ¿cuánto ahorró en el mes de enero anterior?

____

____

3-16 Haz la tarea

Nombre ______________________ Fecha ______________

Cada uno de los siguientes productos o cocientes, ¿será mayor o menor que la primera fracción? Encierra en un círculo tu predicción y luego halla el producto o cociente verdadero para comprobar tu predicción.

1. $\frac{4}{5} \div \frac{5}{6}$ Predecir: $> \frac{4}{5}$ o $< \frac{4}{5}$

   $\frac{4}{5} \div \frac{5}{6} =$ ________

2. $\frac{2}{9} \cdot \frac{3}{4}$ Predecir: $> \frac{2}{9}$ o $< \frac{2}{9}$

   $\frac{2}{9} \cdot \frac{3}{4} =$ ________

3. $1\frac{3}{4} \cdot \frac{4}{7}$ Predecir: $> 1\frac{3}{4}$ o $< 1\frac{3}{4}$

   $1\frac{3}{4} \cdot \frac{4}{7} =$ ________

4. $\frac{1}{8} \div \frac{1}{10}$ Predecir: $> \frac{1}{8}$ o $< \frac{1}{8}$

   $\frac{1}{8} \div \frac{1}{10} =$ ________

Decide si necesitas multiplicar o dividir. Luego resuelve.

5. Una jarra contiene $1\frac{5}{8}$ cuartos de galón de jugo de naranja. ¿Cuántas tazas enteras, cada una con una capacidad de $\frac{1}{4}$ de cuarto de galón, se pueden llenar de la jarra?

   ____

6. Una receta de pan requiere $1\frac{1}{4}$ tazas de harina de trigo. Una receta de panecillos requiere $1\frac{1}{5}$ esta cantidad. ¿Cuánta harina de trigo se necesita para la receta de los panecillos?

   ____

7. La base (*b*) de un rectángulo tiene $2\frac{1}{4}$ pulgadas y $1\frac{3}{8}$ pulgadas de altura (*h*). ¿Cuál es el área del rectángulo?

   ____

8. Un paralelogramo tiene un área (*A*) de $24\frac{4}{5}$ cm² y una altura (*h*) de 8 cm. Usa la fórmula $A = bh$ para hallar la medida de la base (*b*) del paralelogramo.

   ____

3-16
Recuerda

Nombre ____________________ Fecha ____________

1. A la familia Cosway le toma 3 horas jugar 5 juegos. A esa tasa, ¿cuántos juegos puede jugar la familia en 9 horas?

____

2. El señor Carbone está pintando parte de la pared como se muestra. Cada lata de pintura cubre 20 pies cuadrados. ¿Cuántas latas de pintura necesitará para cubrir la pared?

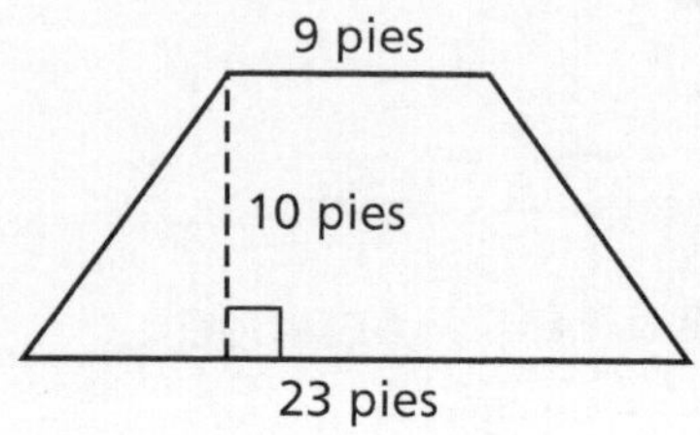

____

Escribe las fracciones equivalentes. Luego compara, suma, multiplica y divide las fracciones de izquierda a derecha. Resta la fracción menor de la fracción mayor.

3	$\frac{2}{9}$ $\frac{1}{3}$ →	
4	>, <	
5	+	
6	•	
7	÷	
8	−	

9	$\frac{1}{4}$ $\frac{7}{10}$ →	
10	>, <	
11	+	
12	•	
13	÷	
14	−	

15	$\frac{5}{7}$ $\frac{3}{5}$ →	
16	>, <	
17	+	
18	•	
19	÷	
20	−	

21. Joseph corta un tablón que mide 3.8 pies de largo. Justine corta un tablón que tiene 0.5 veces el largo del de Joseph. ¿Cuán largo es el tablón de Justine?

____

22. **Amplía tu razonamiento** El área del suelo de la habitación de Hannah tiene $99\frac{3}{7}$ pies cuadrados. El área de su cocina es $1\frac{3}{4}$ el área de su habitación. Si el largo de la cocina es de $14\frac{1}{2}$ pies, ¿cuán ancha es la cocina? Explica cómo hallaste la respuesta.

____

____

____

3-17
Haz la tarea

Nombre ______________________ Fecha ______________

Resuelve.

Muestra tu trabajo.

1. Una bolsa grande de manzanas pesa $5\frac{1}{2}$ libras, lo cual es $2\frac{3}{4}$ libras más que una bolsa pequeña de manzanas. ¿Cuál es el peso de una bolsa pequeña de manzanas?

____

2. Cuatro recipientes de plástico iguales están llenos con germen de trigo. El peso total de los cuatro recipientes es de $\frac{5}{8}$ de libra. ¿Cuál es el peso de cada recipiente?

____

3. Tim ganó \$123 al trabajar $7\frac{1}{2}$ horas el sábado. ¿Cuánto gana Tim por hora?

____

4. Al comienzo de un experimento de ciencia, la temperatura de una mezcla era de 19.62 °C. Al final del experimento, la temperatura era de 81.9 °C. ¿Por cuántos grados aumentó la temperatura?

____

Simplifica.

5. $\frac{3}{10} \div \frac{1}{5} =$ __________

6. $\frac{11}{14} - \frac{3}{7} =$ __________

7. $\frac{7}{8} \cdot \frac{6}{7} =$ __________

8. $\frac{4}{5} \cdot \frac{5}{8} =$ __________

9. $\frac{1}{2} + \frac{2}{3} =$ __________

10. $6 - 3\frac{3}{4} =$ __________

11. $1.4 \cdot 7 =$ __________

12. $24.8 \div 0.8 =$ __________

13. $3.85 + 2.6 =$ __________

14. $5.4 \cdot 7.5 =$ __________

15. $8.1 \div 9 =$ __________

16. $2 - 1.38 =$ __________

3-17
Recuerda

Nombre ______________________________ Fecha ______________

1 Brendan usa 6 manzanas y 8 peras para hacer una ensalada de frutas. Si quiere que la ensalada tenga el mismo sabor, ¿cuántas peras debe usar si usa 15 manzanas?

____

Multiplica o divide.

2 $97\overline{)582}$

3 $\begin{array}{r} 45 \\ \times\ 54 \\ \hline \end{array}$

4 $\begin{array}{r} 10.8 \\ \times\ 4.3 \\ \hline \end{array}$

5 $68\overline{)353.6}$

Escribe las fracciones equivalentes. Luego compara, suma, multiplica y divide las fracciones de izquierda a derecha. Resta la fracción menor a la fracción mayor.

6	$\frac{5}{6}\ 1\frac{1}{6}\ \rightarrow$	
7	$>, <$	
8	$+$	
9	$\cdot$	
10	$\div$	
11	$-$	

12	$\frac{4}{5}\ \frac{11}{25}\ \rightarrow$	
13	$>, <$	
14	$+$	
15	$\cdot$	
16	$\div$	
17	$-$	

18	$1\frac{1}{4}\ 1\frac{2}{5}\ \rightarrow$	
19	$>, <$	
20	$+$	
21	$\cdot$	
22	$\div$	
23	$-$	

Resuelve.

24 **Amplía tu razonamiento** La jaula del hámster de Ryan está sobre su cómoda. El área de la tapa de la cómoda de Ryan es $1\frac{2}{3}$ el largo del área de la base de la jaula del hámster. El área de la tapa de la cómoda tiene 960 pulgadas cuadradas. ¿Cuántas pulgadas cuadradas de la tapa de la cómoda no están cubiertas por la jaula del hámster? Explica cómo encontraste la respuesta.

____

____

____

____

Nombre ______________________ Fecha ______________

1. Elige una acción de las listas de un periódico o de una búsqueda de Internet. Escribe el nombre de la empresa que elijas y el precio más reciente de la acción de esa empresa.

____

2. Imagina que compras 250 acciones de la empresa. Calcula el costo de la compra.

____

3. Toma nota del precio de una de las acciones que compraste en la columna *Día 1* de la tabla que figura a continuación. Luego, registra el precio diario de la acción en la tabla durante los siguientes cuatro días hábiles.

Nombre de la empresa	Precio del Día 1	Precio del Día 2	Precio del Día 3	Precio del Día 4	Precio del Día 5

4. Calcula el cambio de precio. Escribe si el cambio implica un *aumento* o una *disminución*.

a. del Día 1 al Día 2 ______________________

b. del Día 2 al Día 3 ______________________

c. del Día 3 al Día 4 ______________________

d. del Día 4 al Día 5 ______________________

5. Durante el período de cinco días, ¿aumentó o disminuyó el precio por acción? ¿En qué cantidad aumentó o disminuyó?

____

6. Imagina que vendes tus acciones al final de los cinco días. Escribe el precio por acción en ese momento y calcula la cantidad de dinero que deberías recibir al vender 250 acciones. ¿Obtuviste ganancias o perdiste dinero?

____

____

3-18 Recuerda

Nombre ______________________ Fecha ____________

1 Se necesitan 4 jarras de jugo para llenar 12 tazas. ¿Cuántas jarras se necesitan para llenar 18 tazas?

____

2 El diagrama representa un municipio. El ayuntamiento está planificando una reserva natural en la parte del municipio que no está sombreada. ¿Cuál es el área de la reserva?

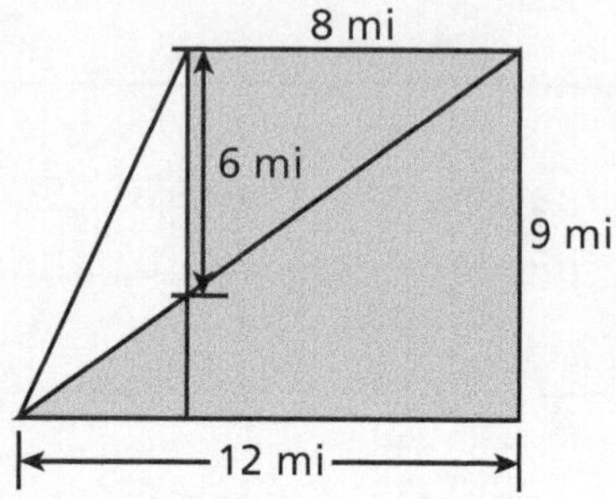

____

Escribe las fracciones equivalentes. Luego compara, suma, multiplica y divide las fracciones de izquierda a derecha. Resta la fracción menor de la fracción mayor.

3	$\frac{3}{4}$ $\frac{2}{5}$ →	
4	>, <	
5	+	
6	·	
7	÷	
8	−	

9	$\frac{7}{9}$ $\frac{4}{5}$ →	
10	>, <	
11	+	
12	·	
13	÷	
14	−	

15	$\frac{1}{4}$ $\frac{3}{8}$ →	
16	>, <	
17	+	
18	·	
19	÷	
20	−	

Resuelve.

21 Jeff corrió 3.25 millas. Trish corrió 5.85 millas. ¿Cuántas veces corrió Trisha la distancia de Jeff?

____

22 Linda recorrió 1.3 millas en bicicleta. Si recorre 3.8 millas más, llegará a la tienda. ¿Cuántas millas hay hasta la tienda?

____

23 **Amplía tu razonamiento** El collar de Baily tiene $\frac{2}{3}$ del número de cuentas que tiene el collar de Jerry. El collar de Julie tiene $1\frac{3}{5}$ del número de cuentas que tiene el collar de Baily. Si el collar de Baily tiene 40 cuentas, ¿cuál collar tiene más cuentas? Explica tu respuesta.

____

4-1
Haz la tarea

Nombre ______________________ **Fecha** ______________

Halla el área de superficie.

1. 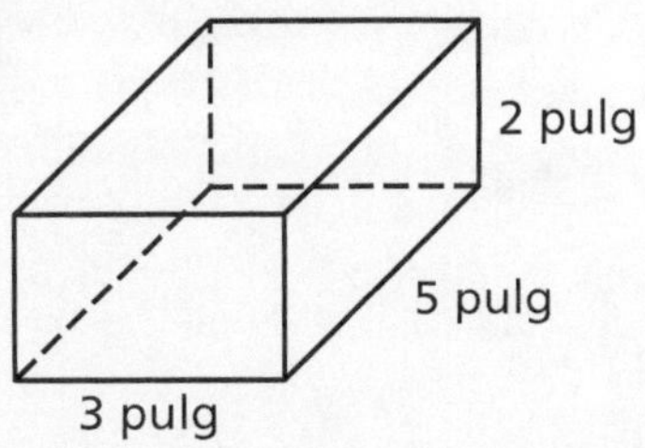

____

2. 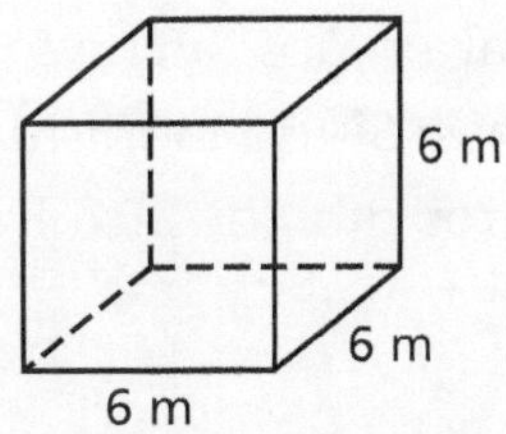

____

3. 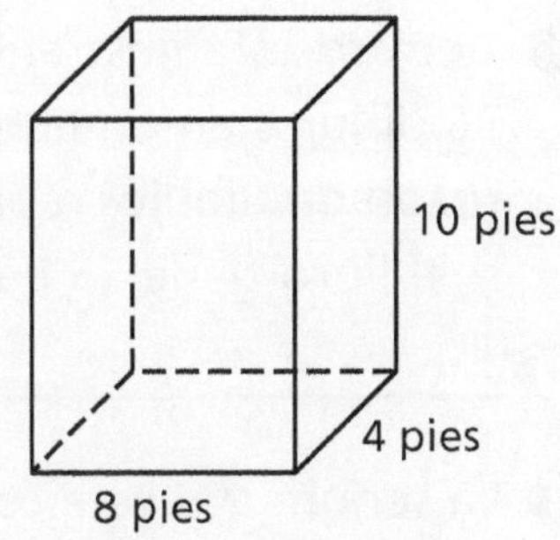

____

4. 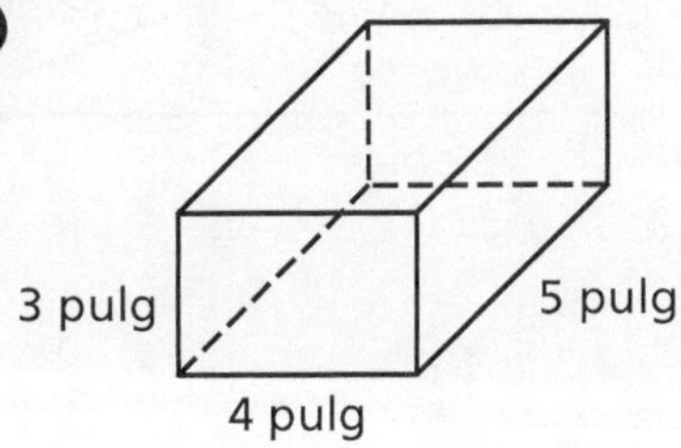

____

5. 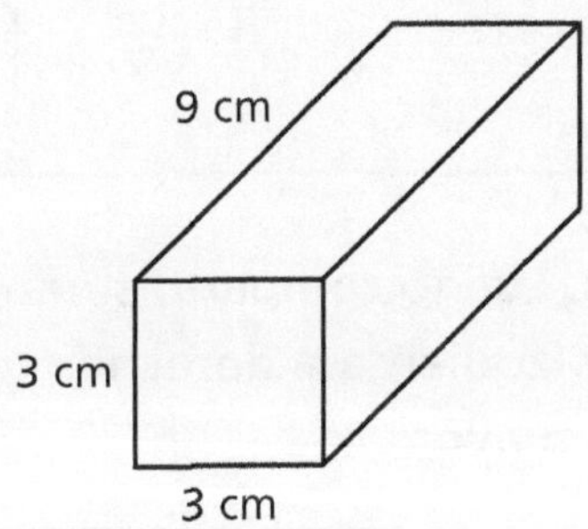

____

6. 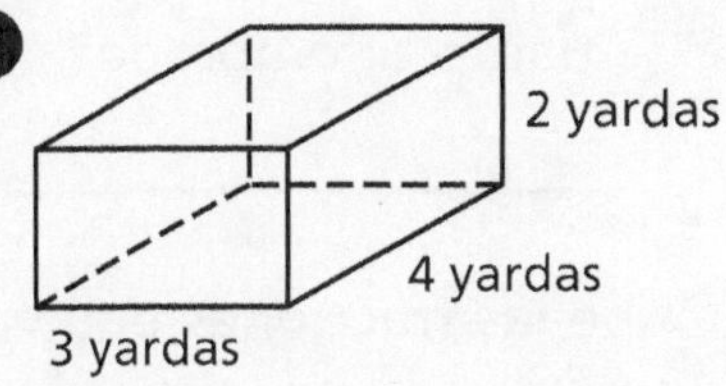

____

Resuelve.

Muestra tu trabajo.

7. Se han pintado todas las caras de una caja de velas antigua en forma de un prisma rectangular. La caja de velas tiene una longitud de 25 pulg, un ancho de 10 pulg y una altura de 8 pulg. ¿Cuál es el área total que se pintó?

____

8. Cara hizo una cesta de costura en forma de un prisma rectangular. Su longitud es de 14 pulg, su ancho es de 8 pulg y su altura es de 6 pulg. Cara piensa cubrir la cesta con tela. La tela viene en cuadrados de 14 pulg. ¿Cuántos cuadrados necesita para cubrir las 4 caras sin que se superpongan?

____

4-1
Recuerda

Nombre ______________________ Fecha ______________

Resuelve.

1. Gerrard está ilustrando un libro para niños. Incluye 36 dibujos en un libro de 45 páginas. Si usa la misma razón de dibujos a páginas, ¿cuántos dibujos incluirá si el libro tiene 15 páginas?

____

2. La señora Lyn está comprando madera para un zócalo en la habitación que se muestra. Luego, instalará un alfombrado de pared a pared. ¿Cuánta madera necesita la señora Lyn? ¿Cuánto alfombrado?

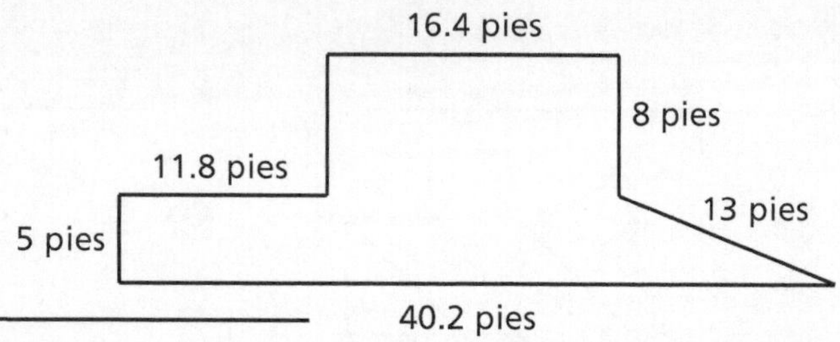

____

Escribe las fracciones equivalentes. Luego compara, suma, multiplica y divide los números de izquierda a derecha. Resta el número menor al número mayor.

3	$\frac{5}{9}$ $\frac{3}{5}$ $\rightarrow$	
4	>, <	
5	+	
6	·	
7	÷	
8	−	

9	$1\frac{5}{6}$ $2\frac{3}{10}$ $\rightarrow$	
10	>, <	
11	+	
12	·	
13	÷	
14	−	

15. **Amplía tu razonamiento** Jason está haciendo una caja de juguetes en forma de un prisma rectangular. Jason bosqueja una plantilla. Luego dibuja otra plantilla que tiene una dimensión el doble de grande que la primera plantilla. ¿Cómo se comparan las áreas de superficie? Explica.

____

____

____

4-2
Haz la tarea

Nombre ______________________ Fecha ______________________

Indica el nombre del prisma.

1 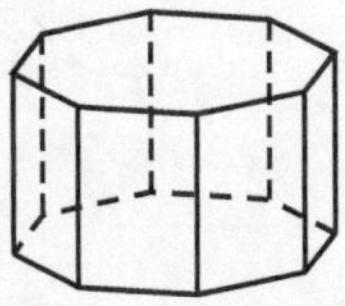

2 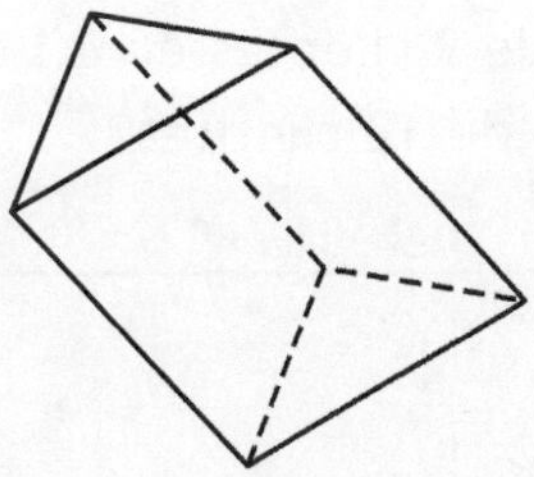

3 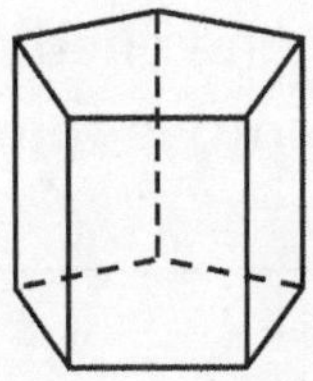

______________________ ______________________ ______________________

4 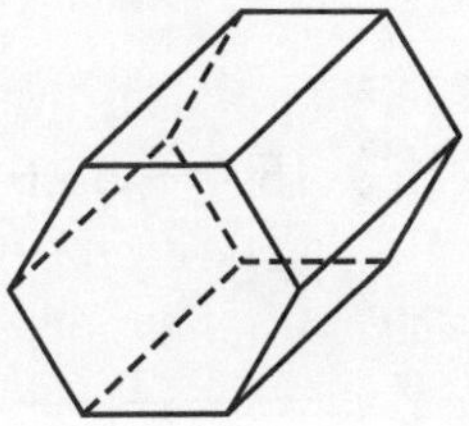

5 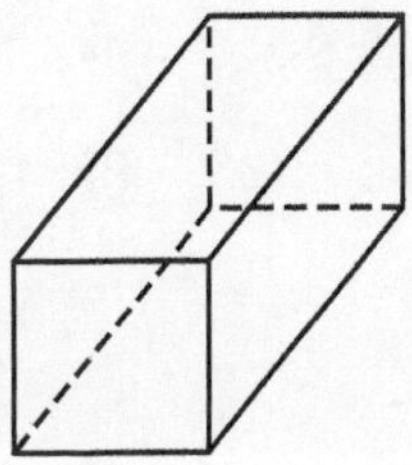

6 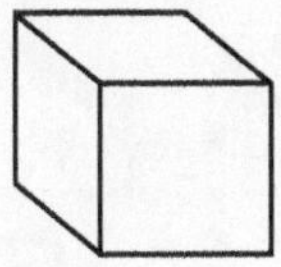

______________________ ______________________ ______________________

Completa.

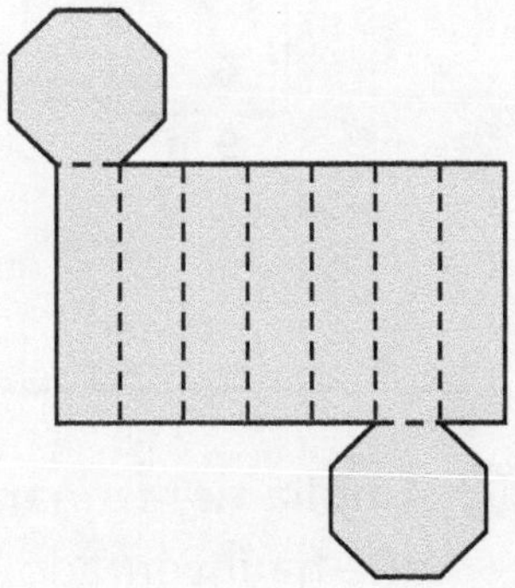

7 ¿Formará esta plantilla un prisma octogonal? Explica.

____

8 La base de un prisma cuadrado tiene un área de 16 pulgadas cuadradas. La altura del prisma es de 6 pulg. ¿Cuál es el área de superficie del prisma cuadrado?

____

9 El perímetro de la base de un prisma octogonal regular es de 8 pies. ¿Cuál es el ancho del lado rectangular del prisma?

____

10 La base triangular del prisma tiene un área de 6 cm^2. La altura del prisma es de 5 cm. El ancho de las caras rectangulares es de 3 cm, 4 cm y 5 cm. ¿Cuál es el área de superficie del prisma triangular?

____

Nombre ____________________ Fecha ____________

Resuelve.

1. Lorraine puede cortar el cabello de 3 clientes en 2 horas. ¿Cuánto le toma cortar el cabello de 12 clientes?

____

Completa.

2. $\frac{5}{6} + \frac{7}{10}$ ________

3. $56.77 + 23.47$ ________

4. $1.2 \cdot 22.3$ ________

5. $1\frac{4}{5} \div \frac{2}{3}$ ________

6. $607.3 - 122.9$ ________

7. $1\frac{2}{9} - \frac{5}{9}$ ________

8. $134.1 \div 3$ ________

9. $15.4 + 55.6$ ________

Halla el área de superficie.

10. 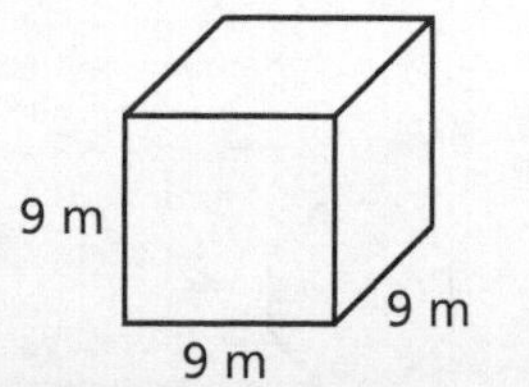

____

11. 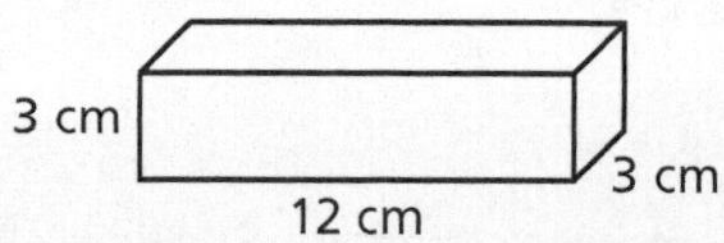

____

12. 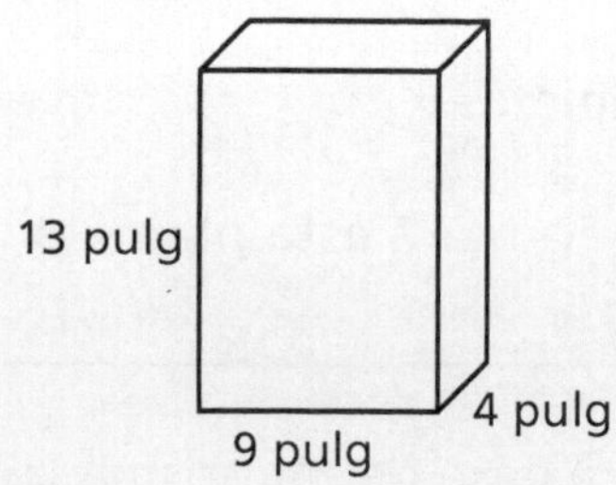

____

13. **Amplía tu razonamiento** Herga hace cajas para los juegos que ha inventado. Hace una caja para un juego. Luego, hace una caja con dimensiones que son un tercio de las dimensiones de la primera caja. ¿Cuál es la relación entre las áreas de superficie de las cajas? Explica.

____

____

____

____

4-3
Haz la tarea

Nombre ______________________ **Fecha** ______________

Halla el área de superficie.

1

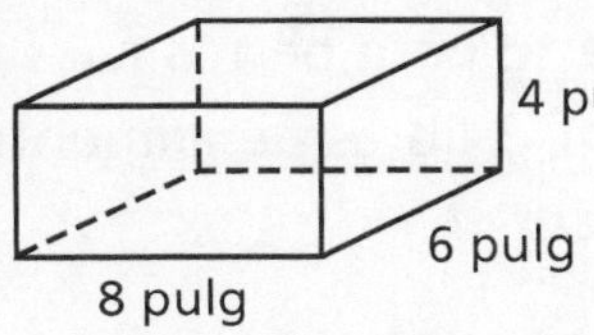

____

2

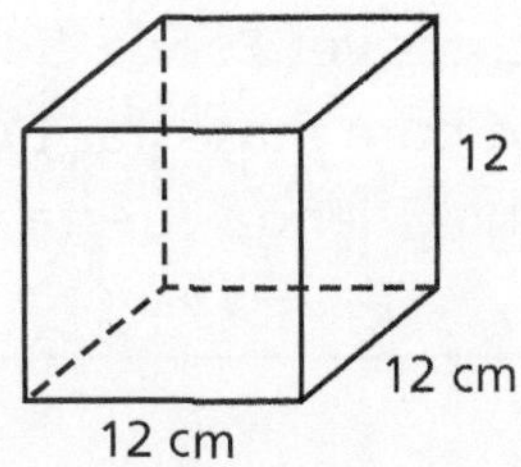

____

3

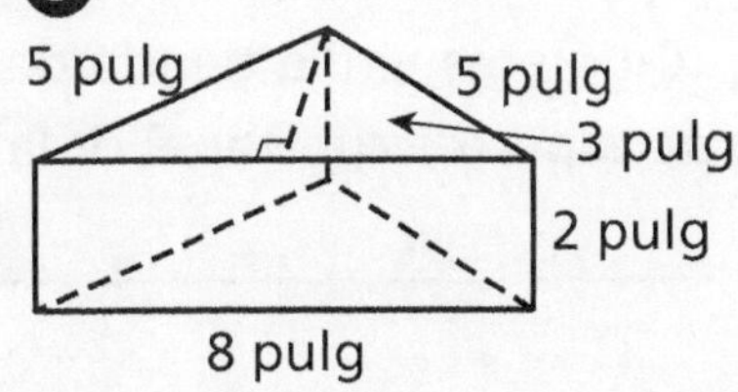

____

4

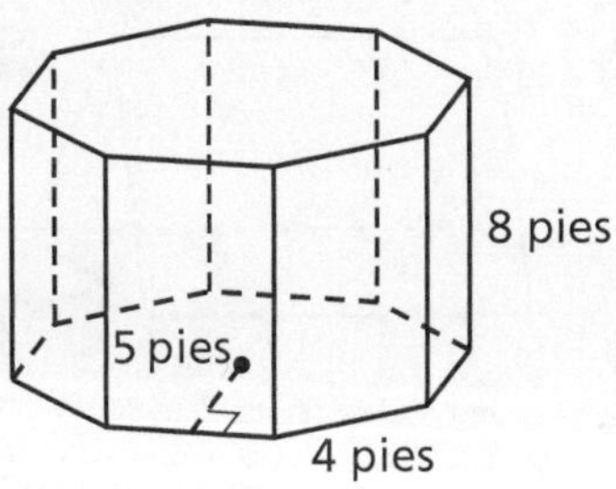

____

5

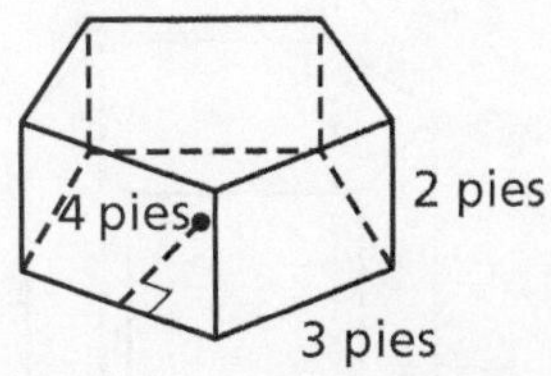

____

6

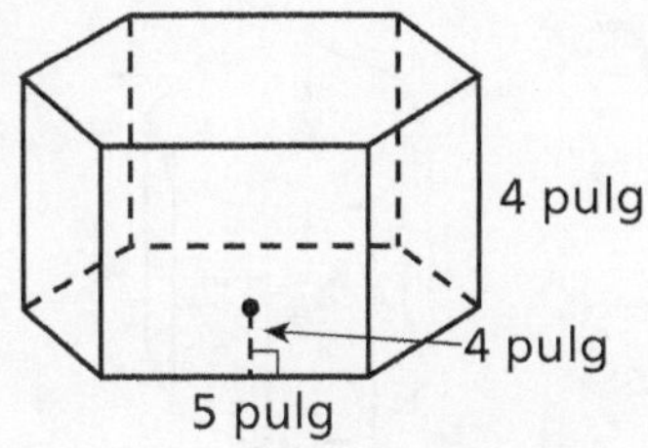

____

Resuelve.

7 Jesse compró los parlantes que se muestran a la derecha. Todas las caras de los parlantes, excepto las de adelante, son de madera. ¿Cuántas pulgadas de madera se usaron para hacer los parlantes?

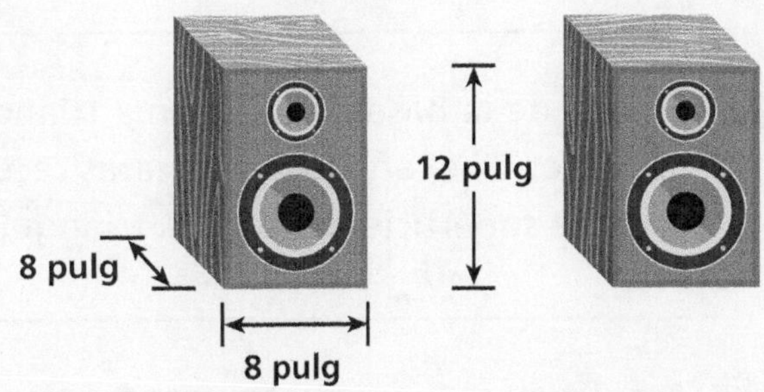

____

8 Anna hizo 2 cubos de cartón. Uno tenía caras con una longitud de 4 pulg y el otro tenía caras con una longitud de 2 pulg. Pegó el cubo más pequeño encima del cubo más grande. ¿Cuál es el área de superficie del objeto sólido que creó?

____

4-3
Recuerda

Nombre ______________________ Fecha ______________

Resuelve.

1. En la tienda de alimento para mascotas Pet Foods, 5 libras de alimento para perros cuestan 10 dólares. En la tienda de alimento para mascotas Buydogfood.com, 3 libras de alimento para perros cuestan 9 dólares. ¿En qué tienda cuesta menos el alimento?

____

____

____

Indica el nombre del prisma.

2. 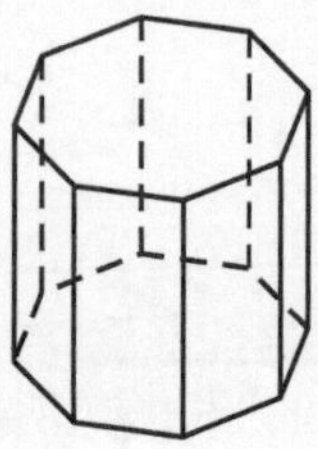

____

3. 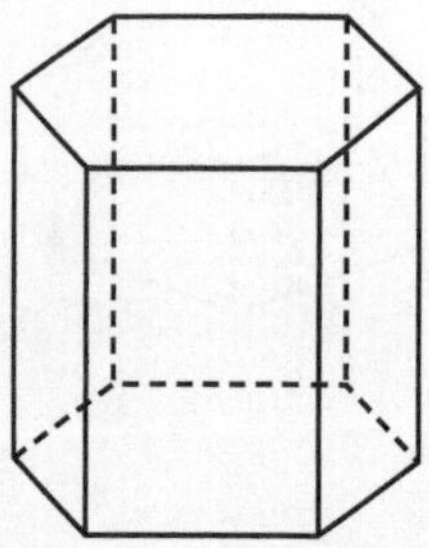

____

4. 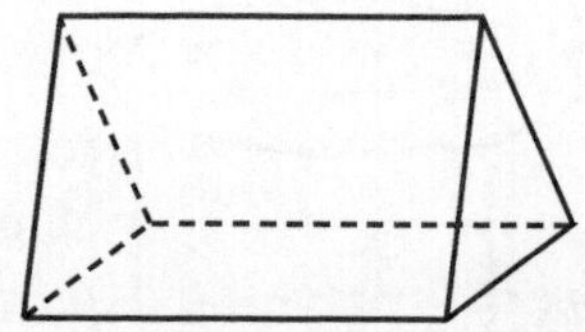

____

5. El perímetro de la base de un prisma pentagonal es de 45 cm. ¿Cuál es el ancho del lado rectangular del prisma?

____

6. El área de la base de un prisma triangular es de 60 pies cuadrados. La altura del prisma es de 3 pies. Si el ancho de las caras rectangulares es de 8 pies, 15 pies y 17 pies, ¿cuál es el área de superficie del prisma triangular?

____

7. **Amplía tu razonamiento** Jerome tiene un bloque de espuma para manualidades con forma de un prisma cuadrado. Lo corta por la mitad. Jerome cree que porque el área de superficie del bloque original era de 358 pulgadas cuadradas, el área de superficie de cada pieza es de 179 pulgadas cuadradas. ¿Está en lo cierto? Explica.

____

____

____

Nombre ______________________ Fecha ______________

Estas plantillas forman pirámides.
Usa la forma de la base para nombrar a la pirámide.

1 

2 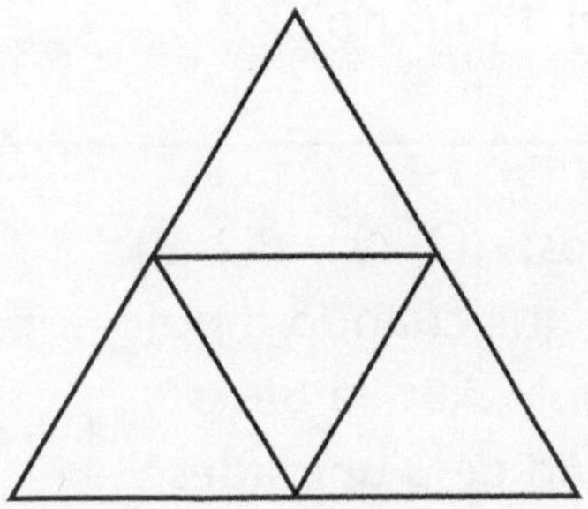

3 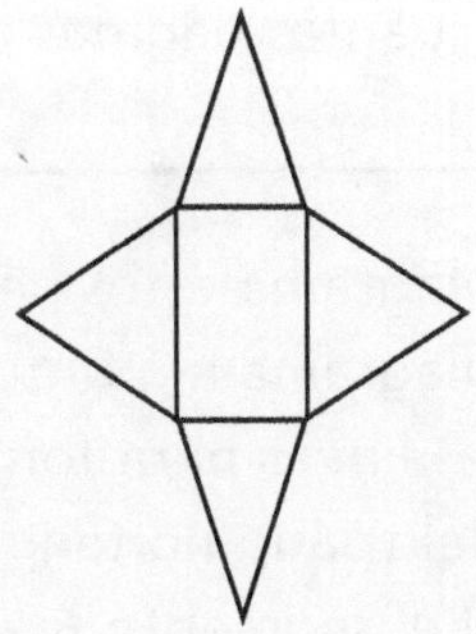

4 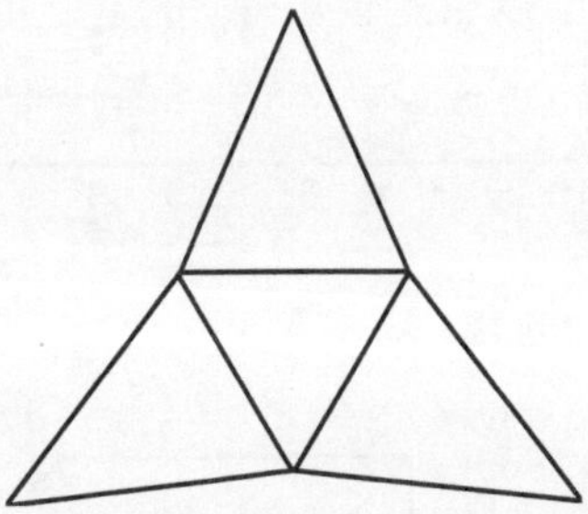

5 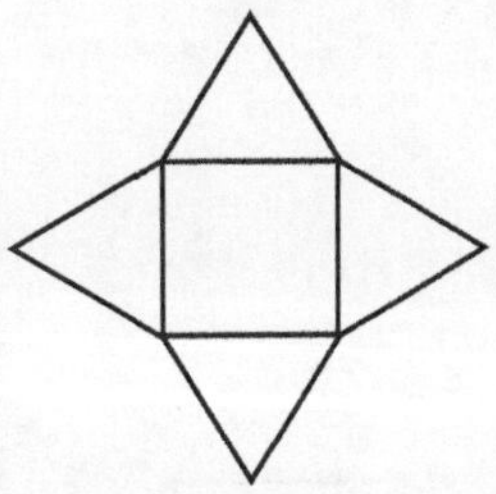

6 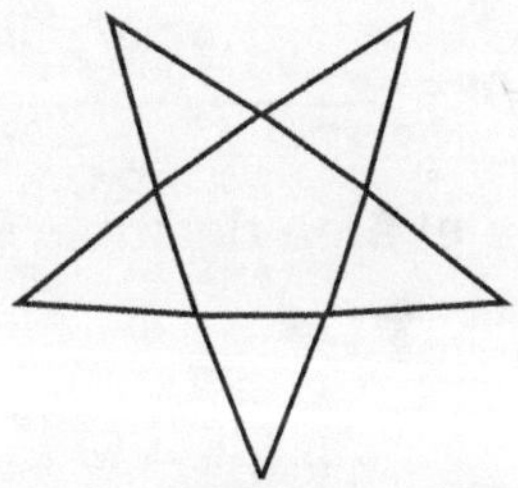

Completa.

7 ¿Formará esta plantilla una pirámide triangular? Explica.

8 El perímetro de la base de una pirámide hexagonal tiene 48 pulg. La base es un polígono regular. ¿Cuál es la longitud de la base de una de las caras triangulares?

9 Vinnie calculó que el área de un triángulo con una base de 5 pulg y una altura de 6 pulg es de 30 pulgadas cuadradas. ¿Qué error cometió?

10 Explica cómo sabes cuántas caras triangulares tendrá cualquier pirámide.

4-4
Recuerda

Nombre ______________________ Fecha ______________

Resuelve.

1 Sammy puede leer 20 páginas en 5 minutos. A esta tasa, ¿cuántas páginas puede leer en 1 minuto?

____

2 Diagrama estos pares ordenados: *A*(2, 4) y *B*(2, 8). Diagrama el punto *C* de modo que cuando dibujes las líneas para formar el triángulo ABC la base del triángulo tenga una longitud de 3 unidades. Si el segmento *BC* tiene 5 unidades de largo, ¿cuáles son el perímetro y el área del triángulo *ABC*?

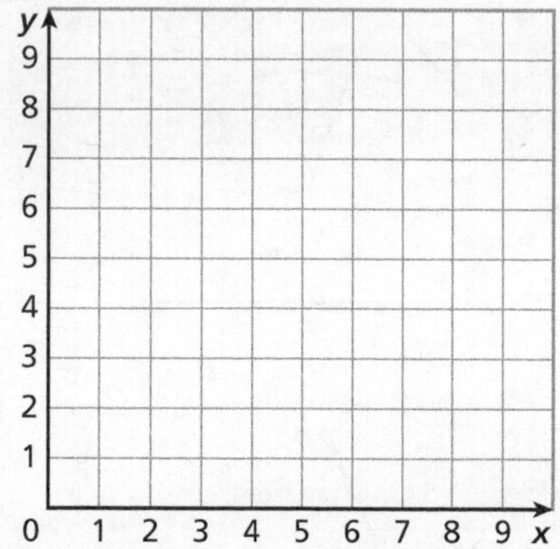

P = ______________

A = ______________

Halla el área de superficie.

3

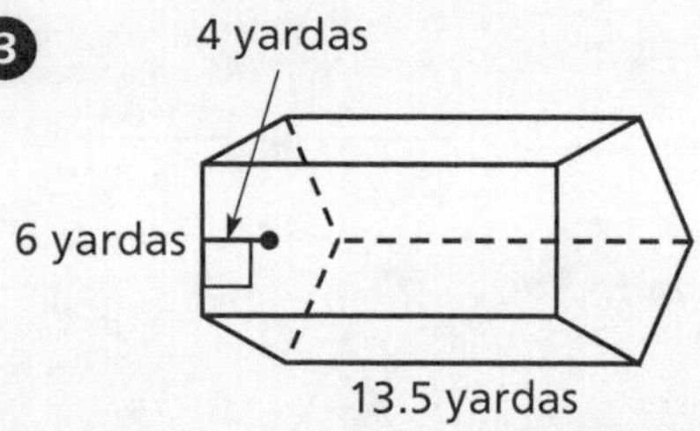

____

4

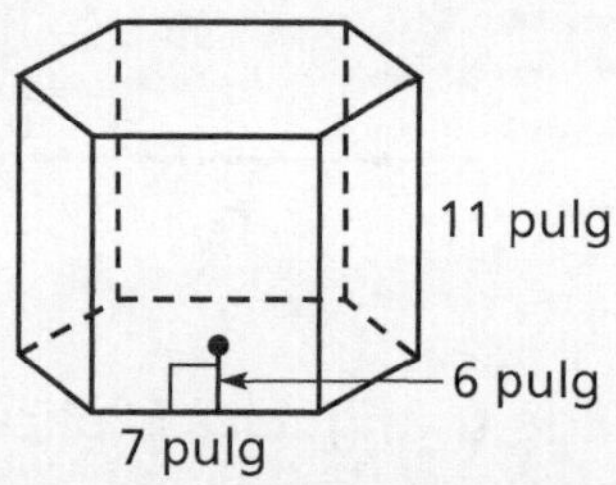

____

5

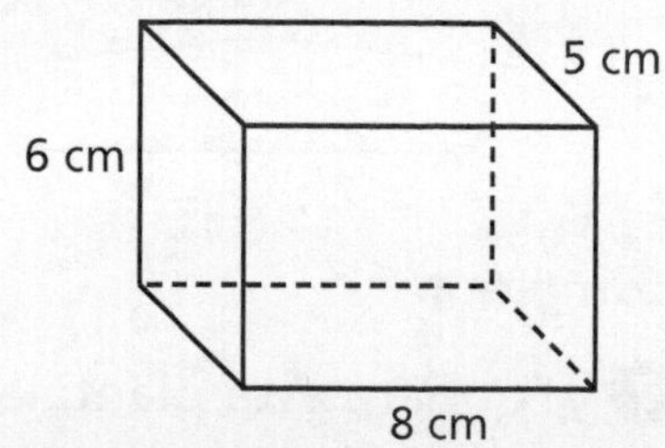

____

6 **Amplía tu razonamiento** Marian pegó dos bloques de madera como se muestra. Luego pintó las caras de los bloques. ¿Cuántas pulgadas cuadradas de pintura usó? Explica cómo hallaste la respuesta.

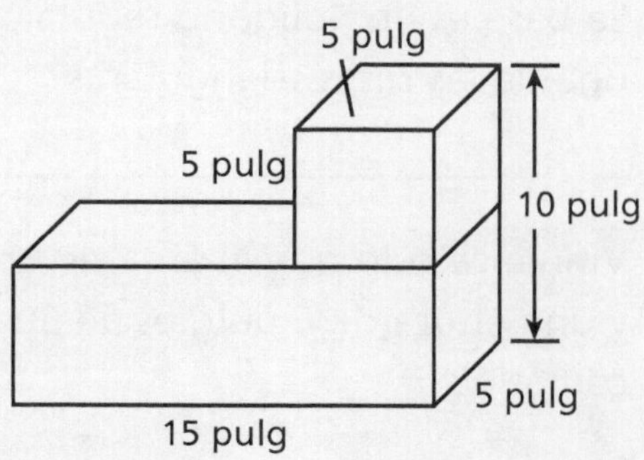

____

____

____

____

____

____

4-5
Haz la tarea

Nombre ______________________________ **Fecha** ______________

Halla el área de superficie. Las bases de las pirámides en los Ejercicios 1, 3, 4, 5 y 6 son polígonos regulares.

1.
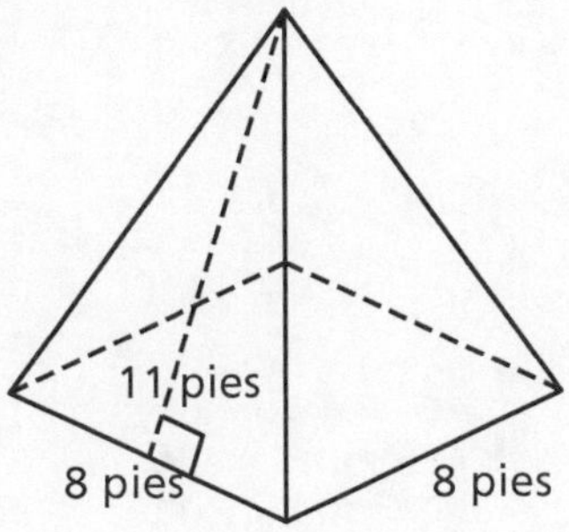

____

2.
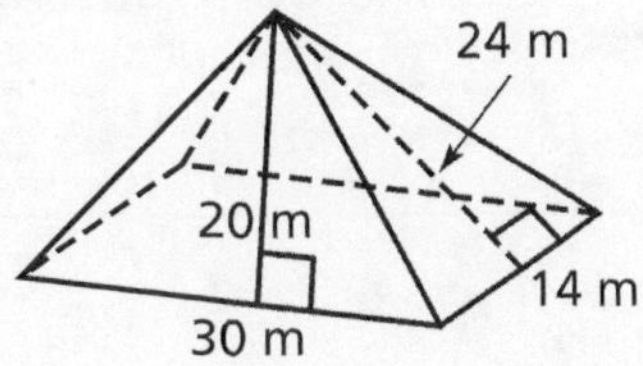

____

3.
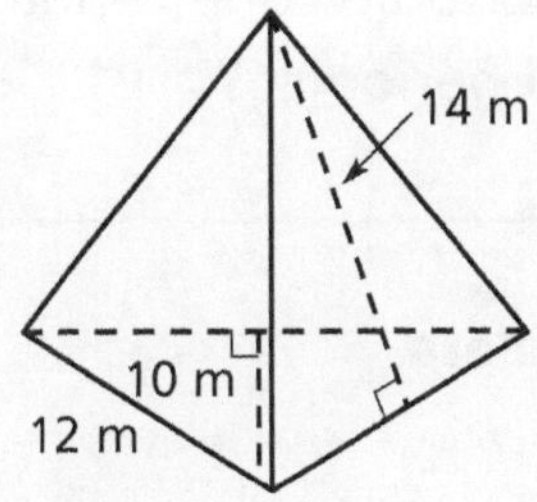

____

4.
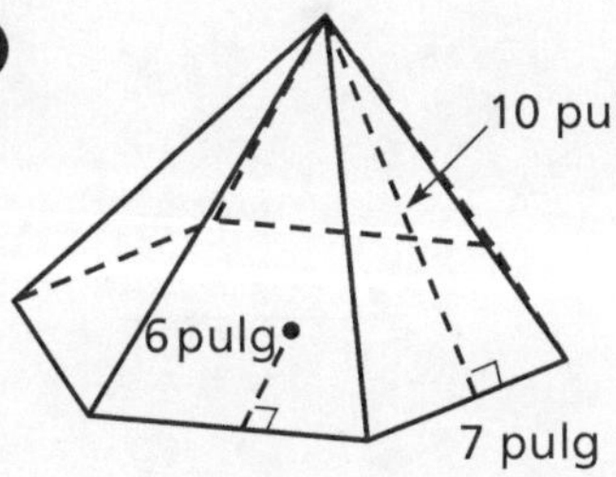

____

5.
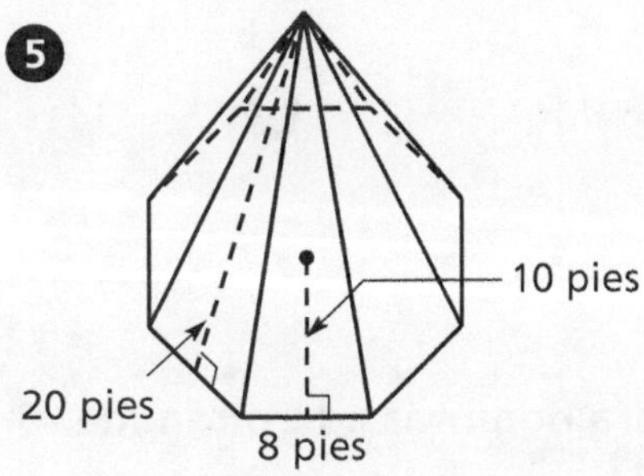

____

6.
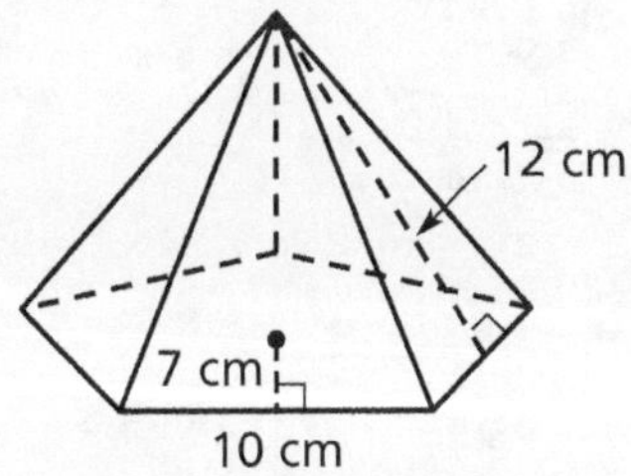

____

Resuelve.

7. El área de la superficie de la pirámide cuadrada es de 112 pies cuadrados. Si la longitud de cada arista de la base es de 8 pies, ¿cuál es la altura oblicua de cada cara triangular?

____

8. El techo de una perrera es una pirámide cuadrada. Cada cara triangular tiene 3 pies de alto. Si Jamal pinta el techo y los lados, incluida la puerta, ¿cuánta área pintará?

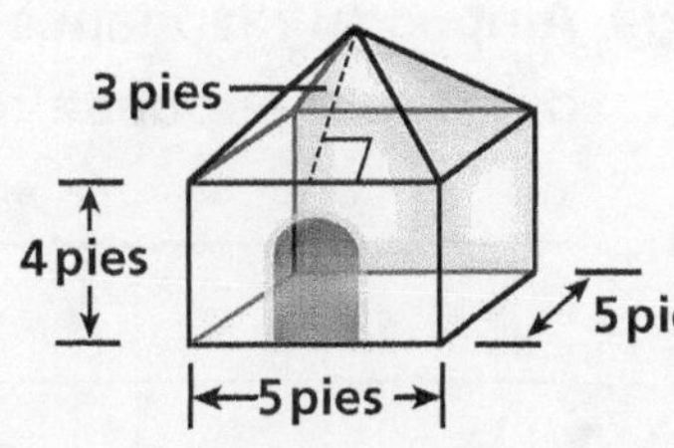

____

4-5
Recuerda

Nombre ______________________________ Fecha ______________

Resuelve.

1. Barry recolecta 24 dólares por cada 6 suscripciones al periódico que vende. ¿Cuánto recolectaría por 8 suscripciones al periódico?

____

Completa.

2. $\begin{array}{r} 56 \\ \times\ 1.2 \\ \hline \end{array}$

3. $\begin{array}{r} 456 \\ +\ 443 \\ \hline \end{array}$

4. $\begin{array}{r} 2{,}334 \\ -\ \ 976 \\ \hline \end{array}$

5. $\begin{array}{r} \frac{10}{11} \\ +\ \frac{1}{2} \\ \hline \end{array}$

6. $\frac{2}{3} \cdot \frac{3}{4}$ ________

7. $34.5 \div 0.5$ ________

8. $\frac{2}{5} \div 1\frac{1}{5}$ ________

9. $\frac{5}{6} - \frac{1}{3}$ ________

Usa la figura de la base y úsala para nombrar a la pirámide.

10. 

____

____

11. 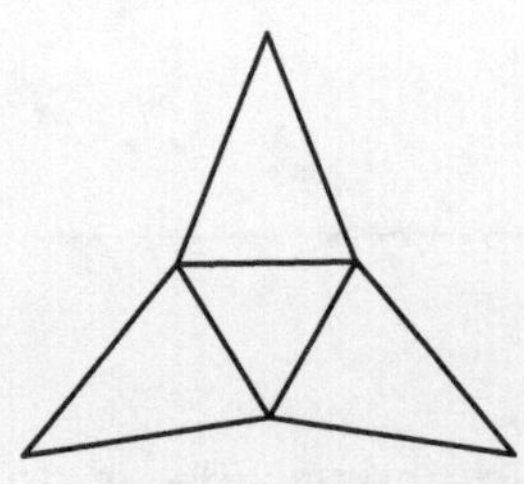

____

____

12. 

____

____

13. **Amplía tu razonamiento** ¿Cuál es el número mínimo de caras que puede tener una pirámide? Explica.

____

____

____

____

4-6
Haz la tarea

Nombre ________________ Fecha ________

Gina quiere hacer un recipiente con forma de pirámide para colocar palomitas de maíz.

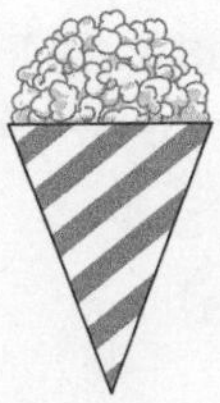

1. Bosqueja una pequeña plantilla para el recipiente con forma de pirámide para las palomitas. Rotula la plantilla con las dimensiones reales que te gustaría que tenga tu recipiente.

2. Usa tu plantilla para hallar el área de superficie del recipiente con forma de pirámide para las palomitas.

____

4-6
Recuerda

Nombre ____________________ Fecha __________

Resuelve.

1 El señor O'Neil puede comprar una caja de 8 bolígrafos por 24 dólares en la tienda ABC. Puede comprar una caja de 6 bolígrafos por 12 dólares en la tienda XYZ. El señor O'Neil quiere comprar los bolígrafos al menor precio posible. ¿En qué tienda debería comprar los bolígrafos?

Indica el nombre de la pirámide. Luego, halla el área de superficie.

2
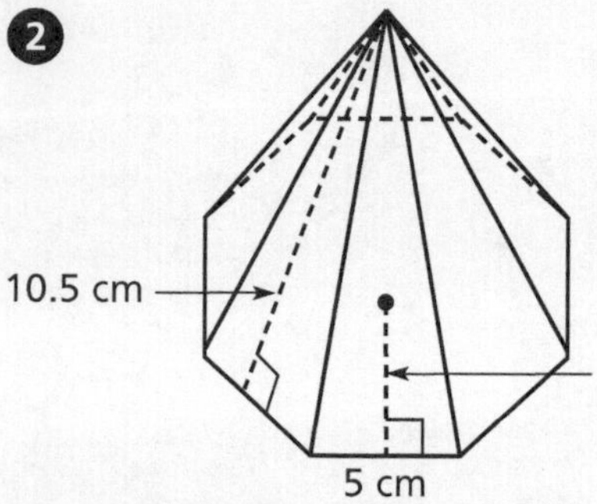

3
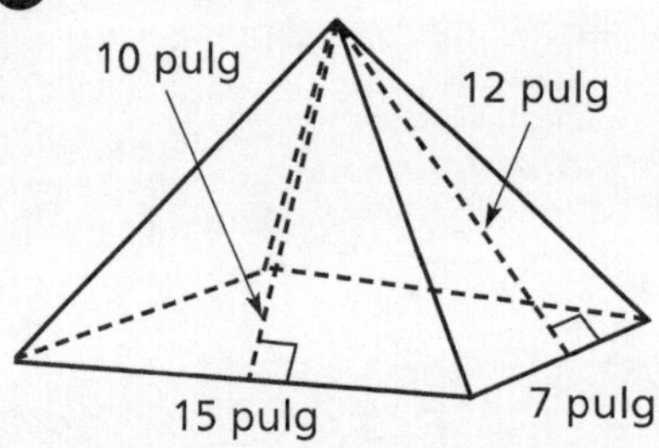

4
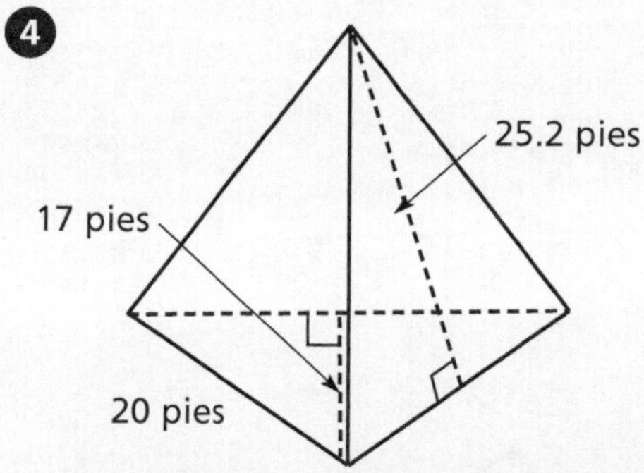

5 **Amplía tu razonamiento** Millie hizo la escultura de mármol que se muestra. Tratará las caras exteriores de la escultura con protector de mármol. ¿Cuántas pulgadas cuadradas de la escultura se necesitan tratar? Explica cómo encontraste la respuesta.

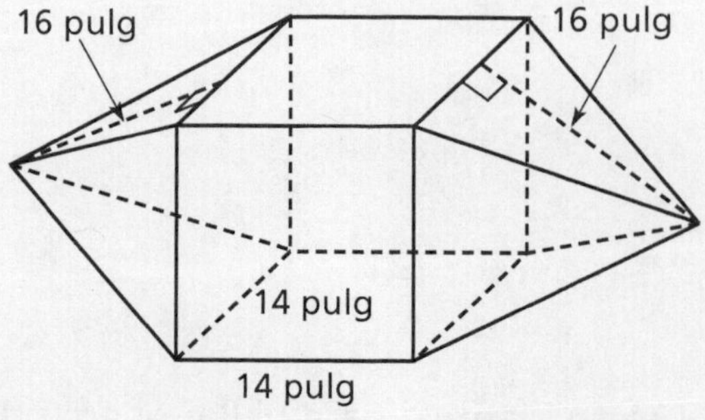